情緒恢復

告別玻璃心的韌性練習

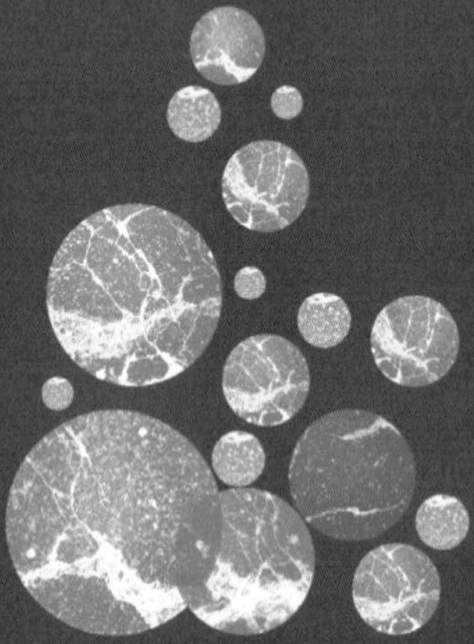

情緒恢復

告別玻璃心的韌性練習

專業人才培育教練親自傳授堅韌生活的方法

情緒恢復

告別玻璃心的韌性練習

レジリエンス入門：折れない心のつくり方

內田和俊
Uchida Kazutoshi——著

羅淑慧——譯

《大眾心理學叢書》

出版緣起

王榮文

一九八四年，在當時一般讀者眼中，心理學還不是一個日常生活的閱讀類型，它還只是學院門牆內一個神祕的學科，就在歐威爾立下預言的一九八四年，我們大膽推出《大眾心理學全集》的系列叢書，企圖雄大地編輯各種心理學普及讀物，迄今已出版達三百種。

《大眾心理學全集》的出版，立刻就在臺灣、香港得到旋風式的歡迎，翌年，論者更以「大眾心理學現象」為名，對這個社會反應多所論列。這個閱讀現象，一方面使遠流出版公司後來與大眾心理學有著密不可分的聯結印象，一方面也解釋了臺灣社會在群體生活日趨複雜的背景下，人們如何透過心理學知識掌握發展的自我改良動機。

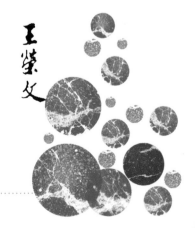

但三十年過去，時代變了，出版任務也變了。儘管心理學的閱讀需求持續不衰，我們仍要虛心探問：今日中文世界讀者所要的心理學書籍，有沒有另一層次的發展？

在我們的想法裡，「大眾心理學」一詞其實包含了兩個內容：一是「心理學」，指出叢書的範圍，但我們採取了更寬廣的解釋，不僅包括西方學術主流的各種心理科學，也包括規範性的東方心性之學。二是「大眾」，我們用它來描述這個叢書的「閱讀介面」，大眾，是一種語調，也是一種承諾（一種想為「共通讀者」服務的承諾）。

經過三十年和三百多種書，我們發現這兩個概念經得起考驗，甚至看來加倍清晰。但叢書要打交道的讀者組成變了，叢書內容取擇的理念也變了。

從讀者面來說，如今我們面對的讀者更加廣大、也更加精細（sophisticated）；這個叢書同時要了解高度都市化的香港、日趨多元的臺灣，以及面臨巨大社會衝擊的中國沿海城市，顯然編輯工作是需要梳理更多更細微的層次，以滿足不同的社會情境。

從內容面來說，過去《大眾心理學全集》強調建立「自助諮詢系統」，並揭櫫「每冊都解決一個或幾個你面臨的問題」。如今「實用」這個概念必須有新的態度，一切知識終極都是實用的，而一切實用的卻都是有限的。這個叢書將在未來，使「實用的」能夠與時俱進（update），卻要容納更多「知識的」，使讀者可以在自身得到解決問題的力量。新的承諾因而改寫為「每冊都包含你可以面對一切問題的根本知識」。

在自助諮詢系統的建立，在編輯組織與學界連繫，我們更將求深、求廣，不改初衷。

這些想法，不一定明顯地表現在「新叢書」的外在，但它是編輯人與出版人的內在更新，叢書的精神也因而有了階段性的反省與更新，從更長的時間裡，請看我們的努力。

能適當因應壓力可以提升韌性

臨床心理師　洪仲清

「困擾人們的不是事件本身，而是他們對於事件的看法！」

～愛比克泰德（古希臘哲學家）

這是一本談壓力管理的書，在篇幅有限的情況下，選擇從「思考」切入談紓壓，在研究上相當站得住腳。尤其作者把理情行為治療大師艾利斯他老人家搬出來的時候，讓我心裡一陣歡呼。

因為我在學生時代，第一個接觸的認知行為理論，花最多心思研究的心理治療學派，便是他老人家的ABCDE理論。我第一本看的壓力管理原文書，也是由他老人家所撰寫。雖然他已經過世十幾年了，我依然相當懷念他。

作者把理情行為治療的理論與精神，都融入到這本書中，相當重視思考的力量，而且對於產生改變的行動，態度相當積極。作者尤其花了不少精力，鼓勵讀者採取行動，書裡所引用的名言，也都可以拿來當座右銘。

「我不會感到悲傷。我會思考現在的狀態下可以做什麼，然後把那件事盡力做到最好。」～沙特

「真正的自由是可以做自己喜歡做的事，而不是什麼都不做。」～蕭伯納

「人生有百分之十取決於你的遭遇，百分之九十取決於你對遭遇的因應。」～盧・霍茲

正面思考是我們平常就可以建立的心理習慣，人生難免有高低起伏，會碰上順境、逆境。在我們還有能量的時候，多做一些心理建設，等面對挫折的時候，才不會一下子被負面思考淹沒而無力振作。

正面思考能提升「恢復力」（resilience）的方法之一，「恢復力」更常被翻譯為「復

原力」，或者「韌性」。一般跟大眾溝通的時候，我自己會直接使用「抗壓性」，很快就能被理解。

此外，這本書推薦的另一類方法，正念或內觀，也是這幾年在研究上常被提到的紓壓法寶。適當地呼吸可以調節自律神經，讓副交感神經作用，透過放鬆我們能恢復冷靜，能更理智地應對困境。

呼吸有很多種教法，如果只講「深呼吸」，基本上這是連小朋友都做得到的事情。簡單的原則是，讓吐氣比吸氣長，慢慢地吸吐，注意身體的變化。然後一天多做幾次，一次兩到三分鐘，或者十到十五分鐘也可以，對生活不會有太多的干擾。

如果要進一步練習，便可以觀察我們在當下的「思想、情緒、行為」。譬如，我們正在想什麼？我們正產生什麼感受？我們正在做什麼？

對學校與企業團體，不管在促進專注，或者穩定情緒，都有顯著的成效。在大腦研究中，也能看到正念或內觀對於神經系統的正面助益。

這本書是為了大眾設計的壓力管理書，好懂易讀，不會過於厚重。我想對於被升學主義壓得喘不過氣的學生，也會有一定的幫助。

早一點讓孩子接觸這種書籍也好，我們的教育太忽視情緒與壓力的覺察。我常常想，如果我們小時候就多重視這些跟每個人切身相關的概念與知識，是不是會少些遺憾？

壓力能讓我們的生活更加豐富，期望藉著這本書，讓我們學會跟壓力共處，並且享受我們的人生。祝福您！

洪仲清臨床心理師

國立臺灣大學心理系、心理所臨床組畢業，領有臨床心理師合格證書。曾任心理治療所所長、臺北市立聯合醫院臨床心理師。

專長在協助自我探索與覺察、情緒教育、親職教養諮商、人際與家庭溝通、壓力管理、自閉類群障礙症、早期療育發展評估……等。

「洪仲清臨床心理師」的臉書粉絲專頁，目前人數已突破三十萬。常有來自世界不同地區的網友在此留言、討論，學習面對情緒，學習覺察自己與原生家庭間的課題，學習在溝通中傾聽、在忙碌的生活中靜心，以及如何寬解苦痛，跟自己和好。

把壓力，定義為提升自己能力的機會

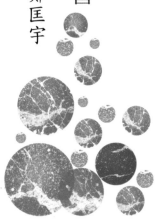

鄭匡宇

人大部分的問題，都是情緒問題，把情緒處理好，就沒問題了。但是，處理情緒這四個字說起來容易，真正做起來哪能雲淡風輕？有多少人就是因為沒有辦法處理好自己的情緒，輕則與人不睦、鬱鬱寡歡，重則訴諸暴力、輕生尋短，這些都是可能發生的悲劇。這也是我為何特別推薦內田和俊先生這本《情緒恢復：告別玻璃心的韌性練習》的原因。

內田和俊在書中提到，在情緒上產生不滿、受挫、憤怒等反應，是非常正常的，但我們不應該讓自己繼續待在負面的情緒中無法自拔，而要運用與生俱來的情緒恢復力，來自我療癒。

他提出了五個具體的思考方向與作法：

・不是去增加知識，是去擴展觀點、角度。
・明白壓力不是壞事，壓力甚至能提升我們的恢復力。
・用感謝取代負面解釋及理所當然。
・揚棄完美主義，擁抱盡力主義。
・不求安穩（因此會接受現實），要求安心（冷靜做出決定）。

這些重點與我平日教授的自我激勵課程的內容不謀而合。讓我舉一個自己實際的案例來輔助說明。

我公司是新型態的公關與行銷公司。為了生存，當然是私人機構和公家機關的業務都要去爭取。但，在競爭政府標案的時候，時常會遇到一些讓人覺得憤怒難平的事情。例如，某次我自信滿滿地去投標某大學的招生宣傳案，卻發現在等待報告時，另一家競爭公司的主管一到現場，所有在場的評審都很開心地與他打招呼。在這種可能是「內定」的情形下，我無論多麼努力地把標案寫好、把案子規劃好（增加知識），又有什麼用呢？還不如強化大數法則的力量，多投標不同單位，或者同一間學校的其他案件如記者會、線上課程等（拓展觀點、角度），才能真正突圍，帶進業績。

而開了公司之後，不像我過去擔任大學教授時每個月都有固定的薪水，我現在得付員工薪水，還得養家活口，若是連續兩個月沒有業務進來，是你你不緊張嗎？會沒有壓力嗎？壓力一定有，但我的作法是，「不把壓力當壓力」。因為，我把所有別人認為是壓力的事情，定義為「提升自己能力的機會」與「未來的驕傲與激勵人心的故事」，於是做起來特別有衝勁。

即使投標的過程遭遇失敗，我依然不會單純地去負面解釋，並且無限擴張為「我之後還是會失敗」，而是感謝這次的經驗，讓我知道能如何讓自己的內容更好、更知道如何簡報，以促成下次的成功。同時，我知道完美主義會讓我痛苦不堪，針對自己每次的表現過度自責，我反向採取盡力主義，告訴自己一次有比一次進步就好。

最重要的是，我把變動性與不確定性當作是家常便飯，當事情出現不照著原本規劃走的時候，例如簡報時簡報筆沒電、影片放不出來、檔案打不開時，我異常冷靜，想著能夠怎樣做出反應。我甚至曾經在面對評審委員簡報時這麼說：「大家看到了，我在發生這種簡報檔案打不開的情形時，還能這麼冷靜，我們這次要為您們舉辦的記者會，要是發生突發狀況，我和自己的團隊一樣會用同樣冷靜的態度來面對，讓活動流程能繼續走下去。」以行動來證明自己的實力，把危機當作是加分的轉機，後來果然也拿到了那個案子。

因此，透過這本書，我期待大家都能更加了解情緒，並且在遭遇一些可能影響你思考與行動的情緒時，知道如何用最快的速度恢復到平時的水準，甚至能利用情緒，來最佳化你的表現！

鄭匡宇

為華人地區知名的作家、演講家、主持人、影視製作人、互聯網創業家。提供陌生開發、人性行銷、演講表達和自我激勵等課程，讓更多人能夠真正獲得全方位成功。現在擔任寰宇軒行股份有限公司總經理。

情緒恢復：告別玻璃心的韌性練習

目錄 Contents

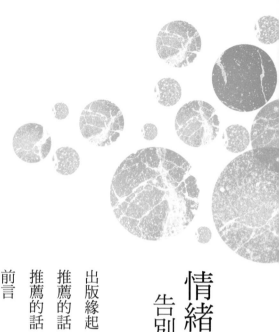

做些增加不同觀點的練習
提高恢復力可以得到的大量附加產物
為什麼恢復力會受到關注？
輕鬆的過往
艱辛的現在

第二章 是什麼讓我們不開心？

是什麼讓我們不開心？
艾利斯的ＡＢＣ理論
舉例驗證ＡＢＣ理論
過去面對心理問題，經常抱持放棄感
何謂性格？
性格就在ＡＢＣ理論的延長線上
把三要素分成兩個組別
三要素相互連動
改變「行動」，「心情或情緒」也會跟著改變
「思考」是強化恢復力的最重要關鍵
所有的事都分成兩個階段
壓力不是壞事

第三章

削弱恢復力的負面想法

第四章

提高恢復力的心靈處方籤

前言

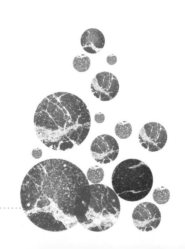

據說人一生當中會碰到兩次危機。

這裡所謂的危機是指「精神上的危機時期」。

人類的心靈原本就十分細膩、脆弱，據說人一生當中，心靈容易受挫的時期有兩次之多呢。

這個時期總是有許多煩惱的事情，而且煩惱的種類更是多不勝數。

心情煩悶，為一些小事感到焦慮或心情低落。

在不知不覺間變得欲求不滿，干預太多龐雜事務，無法專注。

又或者，凡事想太多，而遲遲無法採取行動。

沒來由的心情煩悶，無法冷靜，總是感到焦慮。

一個接一個湧現的雜念形成阻礙，使自己無法集中精神，思緒紊亂……。有時更會導致心靈和身體無法緊密契合，被負面的想法或不安所支配。

人生第一個危機出現在青春期。

青春期的人，充滿許多可能性。

可是，因為這時經濟無法獨立、能力不足，所以實際可以做的事情相當有限。

這也是一段在可能性與現實的夾縫中痛苦掙扎的時期。

從出生在何種家庭開始，人生從起點便開始產生差異，人會在這個時期邁入第一次的「差異高峰」。

這個時期在外觀上，成長的程度產生極大的差異，明明可以不在乎，卻總是會不自覺地在外觀上做比較，甚至，在相互比較之後，連沒有明確標準的幸福度和充實度，也因此遭到剝奪。

焦慮地持續空轉，有時也會導致自己對所有事物感到厭煩，想把所有的事情都拋諸腦後吧？

如果可以像遊戲那樣，簡單地重頭來過，自然再好不過，可是人生沒辦法重來。或許正因為知道人生無法重來，「焦躁」、「鬱悶」、「無處可發的怒火」，這些情緒才會越演越烈。

可是不知道為什麼，似乎大家都能夠克服這種名為危機的屏障。然後，克服這個危機的人就會有所成長，得到喜悅及幸福的機會自然就會隨之增加。

接著，人生的第二個危機會在中年期造訪。也就是大家的父母親的世代。

到了這個時期，會實際感受到體力衰退。

同時，大多數的夫婦都會進入倦怠期。

另外，因為已經見多識廣，所以便可以在某個程度上預測到未來的人生。

房貸、小孩的學費、退休後的養老金都必須加以考量，所以可說是經濟上面不夠充裕的時期。也就是說，只有大人才有的金錢煩惱增加了。

父母總是為了孩子操心、操心再操心。

不管是男孩、女孩，資優生還是調皮的孩子，不管是什麼樣的孩子，父母是永遠可以在孩子身上找到擔憂的天才。

再加上工作場所的責任加重，不光是公事，就連私事也一樣，一下是年邁父母的照護問題，一下又是和鄰居之間的紛爭……不知為什麼，無法預期的問題總是不斷發生。

同樣在這個時期，健康亮紅燈的機率遽增。

如果要把不安或擔心的事情列出來，可說是數也數不清。

其實作者我自己也正處於這個時期。

在這個中年期，我們成年人每次看到各位那樣的年輕人時，總會不禁幻想：「如果可以回到那個時候的話……」

當然，那個時候指的就是青春期。

人生的第一個危機，只要跨越，就會改變成重要的回憶。例如，即便那個時候再怎麼辛苦，當時的艱辛也會轉換成甜美的回憶。

遺憾的是，我們已經成年，就算再回到那個時候，人生還是無法重來。

如果真的回到那個時候，應該還是會不敵相同的誘惑、為相同的事躊躇不前、把時間、金錢或精力浪費在無謂的事情上面，錯失許多機會。

想完美重來是需要條件的。

那就是帶著現在的智慧，回到那個時候。

如果能夠帶著現在的智慧回到那時，肯定能夠擁有理想的人生，看到更美好的夢想。搞不好還能夠稱霸世界……。

這種「假設、如果」根本就是廢話。因為我們絕對沒辦法回到「那個時候」。

可是，各位讀者只要實踐本書的內容，應該就可以跟我一樣，體驗帶著現在的智慧，回到青春期的經驗。

讓自己的人生比現在更加地美好。

讓未來的自己坐上時光機，來到現在的你身邊，親身給你建議。用這種感覺閱讀這一本書吧。

我做過上班族，之後在十五年前經營過英語補習班，擔任升學補習班的講師。那個時候，幫助了許多人生陷入低潮、心靈脆弱的國中生、高中生、重考生。

現在我主要以人才培訓顧問的身分協助員工研修。

另外，在執行員工研修業務的同時，也會一併提供諮詢服務，幫助那些在心靈上感到疲乏的人。

本書將根據我在經營補習班、擔任升學補習班講師，以及研修和諮詢上的實際體驗，針對青春期特有的各種煩惱和問題，提供紓解煩惱和解決問題的方法，同時解說在那種契機下能夠有什麼樣的成長。

只要大家能從中獲得從逆境或失敗中站起來的啟發和勇氣，便是我最大的榮幸。

第一章

什麼是恢復力？

何謂恢復力？

「恢復力」（resilience）和我們熟知的「壓力」（stress）一樣，原本都是物理學用語。之後，開始被當成心理學用語使用。

物理學用語的「壓力」是「受外部壓力造成歪斜」的意思。相對之下，「恢復力」則被當成「把歪斜彈回的力量」。

碰到討厭的事、痛苦的事、難過的事的時候，我們的心有時會陷入低潮，在中途意志消沉，感到沮喪。把那些負面的情緒恢復成正常狀態的力量，就是所謂的「恢復力」。

另外，遭遇到非預期的事態時，我們會感到困惑、沮喪、不知所措、不安。那個時候，能夠幫助我們的就是恢復力。

恢復力可以幫我們找回冷靜。

恢復力不光只有把負能量恢復正常的力量，更可加持將正常狀態改變成正能量。

例如，你在面臨某些較大的挑戰時，總是會躊躇不前。這個時候，能夠在你的背後輕推你一把的也是恢復力。

心理學用語的恢復力有「韌性」、「心理復原力」、「復原力」等多種譯名，如果要更淺顯易懂地表現，那就是「跨越當下的逆境或問題，對抗沉重壓力的精神力」。

我在研修或演講上，有時也會用「心理強韌度」（mental toughness）、「抗壓性」（stress tolerance）、「心靈的自然治療力」來表現恢復力。

恢復力不是特殊能力

就我個人來說，我喜歡用「心靈的自然治療力」來表現恢復力。

原因是恢復力並不是只有一部分人才有的特殊能力，而是每個人與生俱來的能力。心靈的自然治療力越高，就算沮喪，仍然能夠從低潮中快速恢復，從負能量的狀態中恢復的力量也就益發強大。精神方面比較穩定，集中力因此較高，就能更持久地維持正常狀態。精力也相對充實，所以對任何事都有著積極果敢、勇於挑戰的意欲。

也有人用「心靈肌肉」來表現恢復力。肌肉人人都有，所以我認為這也算是相當確實的表現。

「自然治療力」和「肌肉」有共通的特徵。

分別是下列二點：

①個人差異較大。

②越鍛鍊越強大。

說到自然治療力，就拿感冒來說吧！有些人只要好好睡上一晚，就可以馬上痊癒。也有人一旦感冒，冬天的期間就會咳嗽不斷、鼻水直流。不過，感冒遲早會痊癒。因為每個人都具備自然治療力。

只要重新檢視以飲食和運動為首的生活習慣，就可以確實提高自然治療力。

另一方面，如果長期過著熬夜或暴飲暴食等毫不節制的生活，自然治療力就會減弱。此外，錯誤的健康方法反而對身體有害。

肌肉也是如此。既然有肌肉壯碩的人，自然也會有骨瘦如柴的人。既然有容易練出肌肉的體質，自然也會有不容易練出肌肉的體質。

可是，只要鍛鍊，肌肉量就一定會增加，同時肌肉的力量也會變強。

另一方面，越是怠惰，肌肉量就會越少，肌肉的力量也會衰退。
另外，如果搞錯鍛鍊方法，有時反而會導致關節疼痛等反效果。
因為有這樣的共通點，所以不管是把修復力視為「心靈的自然治癒力」，或是當成「心靈肌肉」，都沒有任何問題。
不管怎麼樣，只要用正確的「方法」加以鍛鍊，就可以確實變強。

心靈在身體的哪裡？

在研修或演講的時候，每次一談到這裡，我一定會提出這個問題。
「那麼，若要提高心靈的自然治療力，應該做些什麼才好呢？」
在公布答案之前，有件事必須先說清楚才行。
「心靈到底在身體的哪裡呢？」
如果連這個都不知道，又該怎麼鍛鍊呢？
就像前面說明的，名為恢復力的這種心靈自然治療力，就跟肌肉一樣，越鍛鍊，就會變得越堅韌。可是，如果不知道心靈在身體的哪裡，便沒辦法鍛鍊。

例如，深受男性喜愛的胸大肌，就是猛男露出欣喜表情，自豪抖動的胸前肌肉。

就算拚了命地做腹肌運動或深蹲，胸大肌也不會有任何變化。如果不是針對胸大肌做訓練，胸大肌當然不會變大。

那麼，再回頭問一次，心靈到底在身體的哪裡呢？

如果問年幼的小孩，他們恐怕都會把手貼在胸口吧？以前的人似乎也認為心靈就位在胸口的位置。

賽跑起跑之前，心臟會噗通噗通地亢奮跳動。在一大群人面前演講的時候，或是即將開始考試之前，心臟則會緊張不安地顫動。光是想到喜歡的人，心裡便沒來由地難受，胸口有種揪心的感覺……。

因為這些熟悉的實際感受，所以年幼的孩子、以前的人們，才會以為心靈就位在胸口的位置。

儘管大家直覺認定心靈就位在胸口的位置，但是仔細想想，心靈應該是在腦部才對吧？

沒錯。正確答案是「腦」。具體來說，是腦部被稱為「邊緣系統」（limbic system）和「前額葉皮質區」（prefrontal cortex）的部分。

緊張或興奮的時候，心臟的跳動會變得快速且劇烈，那是因為大腦對心臟發出指令，好把血液送進身體各部位的肌肉，以便讓身體做好應對異常狀態的準備。

當然，我們之所以會產生心情或情緒，也是因為腦部的作用。

例如，最具代表性的心理疾病就是憂鬱症，而憂鬱症在醫學上被定義為腦部的功能障礙。

以壓力為主因，使腦內的神經傳達產生障礙，進而導致腦部呈現無法正常作用的狀態，稱為「憂鬱症」。

先了解鍛鍊部位，再進行實際鍛鍊

知道心情或情緒源自於腦部，心靈位在腦部之後，便可了解若要提高恢復力，就要鍛鍊腦部。

這個時候，大部分的人率先聯想到的，應該是「鍛鍊腦部＝讀書」這個公式吧！

請放心。因為這裡的腦部鍛鍊方法和學校的讀書完全不同。

如果「鍛鍊腦部＝讀書」這個公式可以成立的話，學校成績優異的「聰明人」應該都是心理強壯的人才對。

結果真是那樣嗎？請看看身邊的人。所謂的成績優異者都是心理強韌的人嗎？

雖說也有例外，但從我的經驗看來，學校成績優異的人有很多都是心理脆弱的人。

為什麼呢？因為日本的學校教育會使人的心理變得脆弱。

其實鍛鍊恢復力用的腦部使用方法，正好和學校讀書所要求的腦部使用方法相反。

請不要將兩者相提並論。

學校的讀書主要是為了增加知識。

另外，日本的考試總是要求在短時間內，解答龐大分量的問題，所以學生必須練習大量的例題，來應付考試。

也就是說，利用反覆解答類似問題的方式，讓自己適應相同問題，相當重要。

因為相同的觀點澈底深植腦海，所以長時間持續之後，就會培養出從相同方向觀看事物的習慣。

說難聽一點，這是「終止思考」的狀態。

尤其是國中、高中的數學，說好聽點是「條件反射性」，說難聽點，就只是「不用過分深入思考，以固定模式」解答問題的訓練。

就現實問題來說，因為問題的分量很多，如果思考太久，時間會不夠用，所以為了應付現下的考試機制，就只能持續採用這樣的讀書方式。可是，如果老是採用這樣的腦部使用方法，恢復力就會逐漸衰退。

提高恢復力的腦部鍛鍊方法和學校的讀書不同，它不是增加知識，而是增加觀點。

換句話說，就是訓練自己從更多不同的觀點，去看待一個事件或事實。

正因為如此，我們的腦，也就是心，才會變得柔軟。如此一來，就能培育出堅韌且不容易受傷的心靈。

具體的方法將在本書的重點章節，也就是第三章進行說明。

現在只要知道，提高恢復力（心的自然治療力）的學習方法，和學校的學習方法完全不同就足夠了。

恢復力的學習方法和學校的讀書完全不同，並不是無趣乏味的作業。而是持續不斷，令人感到興奮且快樂的作業。

做些增加不同觀點的練習

稍微談些有點難懂的話題。

大人們經常以「什麼好」、「什麼壞」來判斷各種事物。判斷這種行為，是典型的單方面「看待事物」。

首先，以某種判斷標準或價值觀去決定看待事物的角度。根據那個標準或價值，去判斷什麼是好、什麼是壞。

不管是學校教育的價值觀，還是世上的一般判斷標準，大家一致都認為「強＝好」「弱＝壞」。

為了要更接近理想，就必須克服弱點，這種觀念是日本教育的中心，而以這種觀念為基礎的教學方式，也已經持續很長的時間了。

如果老是面對弱點或不好的部分，我們會變成怎麼樣？心情應該會變得很差。在大部分的情況下，往往會使自己的行動變得懦弱、退縮。

相反地，如果面對好的部分，那又會如何？

看著優點或優異的部分，心情應該會變得很好。

不光是如此，還會讓我們產生勇往直前、想變得更好的心情，行動也會變得更活躍且積極。

增加觀點、培養靈活的想像力，就能進一步強化恢復力。

這裡先稍微掌握一些內容，練習對事實做出不同的看法吧！擅長讀書，還是不擅長讀書？心靈強韌還是脆弱？現在試著改變觀點，從這些條件搭配組合後所產生的四種類型中，找出各自的「優點」。

①首先是學校成績優秀，且心靈強韌的人。

就我個人來看，這種人完全令人羨慕到不行，簡直無話可說，完全就是最強的。衷心期望這種人的外觀不會太優。

②購買這本書的人，恐怕都是這種類型的人居多，學校方面的成績雖然都在平均之上，可是心靈方面恐怕有些問題吧！

這種類型的人若是再提高恢復力，那可說是如虎添翼。請務必把本書的內容帶進實際的生活。

③學校成績不好，可是對自己的心靈韌性卻很有自信。

這種類型的人在緊要關頭時所發揮的集中力，足以打敗其他類型的人。他們擁有的瞬間爆發力相當驚人，足以在短時間內使成績突飛猛進。另外，就算沒有在學校萌芽，在現實社會中成功的機率也相當高。

④學校成績不好，心靈也相當脆弱的人。

這並不是什麼壞事，也不需要擔心太多。可是，比起前面三種類型，卻是落差最大的。其實這種類型的人可說是焦急等待開花、潛在能力豐富的寶庫。

順道一提，我國中時期是類型②，高中時期則是類型④。心靈方面，我一直都相當脆弱。社團有比賽的時候，我總是從比賽前一天就開始因為緊張而食不下嚥；考試前一晚也經常抱著馬桶嘔吐不止。

提高恢復力可以得到的大量附加產物

提高恢復力之後，就可以更柔軟地對應壓力。

可是，有件事還請大家千萬不要誤解。

並不是隨著恢復力增高，就不會再有心情低落、沮喪的情況。本書的目的並不是把我們人類改造成毫無感情的機器人。

所以，碰到不開心的事情，還是會跟過去一樣，感到心情沮喪。可是，因為心情的轉換變快了，所以就不會再有鬱悶久久不散的情況。快速的恢復速度，甚至不會讓旁邊的人察覺到自己曾經沮喪過。

當然，更不會因為一點點小困境，或是輕微的壓力而受挫。

此外，因為可以更沉靜地面對壓力或衝擊，所以在正式考試或比賽的時候，就能夠發揮過去從未有過的驚人實力。成為所謂「上場就是戰士」的人。

積極方面的靈敏度也會增高。結果，悲傷和痛苦減少了一半，喜悅則增加了一倍。自然就可以維持更健全的精神狀態。

恢復力的強化，不僅可以增加自信，還可以實際感受到充實度和幸福度。甚至，在強化恢復力的過程中，可以得到許多有利於今後的附加產物。

第三章、第四章將會進行具體的說明，這裡先簡單介紹強化恢復力的助益。

①讀書或運動

・衝勁和集中力的持續

・在正式上場時變強

②人際關係（溝通）

・增加自信和自我肯定感，態度變得更積極且威風凜凜

・產生更多的認同感或體貼，溝通變得更順暢

③未來的助益

・得到一輩子的財產「意志力」（grit）

意志力（grit）是成功者必備的共同條件，是最近特別受到矚目的名詞。如果用中文來解釋，意思就是「朝著遙遠的目標，在不失去興趣或熱情的情況下，花費漫長的時間，以堅忍不拔的毅力持續努力，直到實現目標為止的執行力」。

意志力（grit）和與生俱來的天賦或智商無關，不光是可以靠後天養成的能力，更是遠勝於「聰明才智」、「容貌」、「體力」等先天條件的成功要素，因而備受關注。

為什麼恢復力會受到關注？

大家在社會課應該都有學習過，過去的產業革命使我們的生活品質大幅提升。而產業革命的最大恩惠，便是給了我們更多的就業機會。

現在，電腦、網路、智慧型手機的普及被稱為 IT 革命，這也是一種產業革命。而 IT 革命為我們帶來的生活便利性，是過去的產業革命所無法比擬的。

最近開始引起話題騷動的是 AI（人工智慧）的自動化流程。據說隨著 AI 的進化，將會有半數的職業在未來的十到二十年之後邁入自動化。

這時便可看出現代 IT 革命和傳統產業革命之間的最大差異。

過去的產業革命是創造出更多的就業機會，而現代的革命則是開始剝奪人類的就業機會。過去理所當然存在的小型商店和書店，隨著亞馬遜、樂天等網路購物的普及而驟減，從這裡便可看出端倪。

過去的產業革命為更多人帶來經濟的富饒。

而現在持續發展中的 IT 革命，雖然為許多人帶來了便利，卻也建構出僅有一部分的人經濟變得富饒，貧富所得差距變得更大的結構。

未來，估計 AI 的發展速度將會更加快速，而就業機會應該也會隨著自動化流程的快速發展而急遽下降。

我們現在正深陷在這種全新類型的產業革命中。

大家在跨越了人生中的第一個危機，稍作喘息的時候，就要面臨就業的問題。未來，就業時所要求的能力和錄用標準，應該會有相當大的改變吧？

在這個新形態的產業革命中，或許你將會是那群深受影響的族群。

未來的時代是社會結構急遽改變的過渡期，亦可說是變化巨大的混沌時代，當然也可說是個壓力過剩的時代。

這一點來看，若要紓解壓力，在面對變化的同時，更加堅韌地生存，恢復力更是不可欠缺的能力，希望大家都可以理解。

輕鬆的過往

我年輕的時候（國小、國中、高中、大學時代，還有擔任年輕職員的時候），社會步調相當緩慢。

現在稍微介紹一下，到處都可以看到上了雅虎頭條新聞的國高中新聞話題。

我國小、國中的時候，老師體罰學生是理所當然的事情。我國中三年級的時候，學校更曾發生公開處罰的事件。

當時，被稱為「Tsuppari」的不良少年集團和其他學校的不良少年集團鬥毆，而遭到警方逮捕。之後，生活指導老師便在朝會的時候，拿著理髮器，強制把那些遭逮捕的學生剃成光頭。

之後，我進入號稱下町名門而聞名的都立升學學校。入學不久後（高中一年級的春天），班上便舉辦了班級聯誼的聚會，聯誼場地居然是位在錦系町（錦系町是什麼樣的地方，請自行上網調查）的居酒屋，裡面有很多穿著制服喝酒的學生。

現在，即便是非升學的學校，也不可能會有這樣的行為吧？基本上，店家是不可能賣酒給高中生的。

出社會就業後，緩慢步調的時代依然持續。不僅不會像現在這樣要求效率，也不會老是把利益掛在嘴邊，所以相當地輕鬆。

但在另一方面，因為根本沒有「性騷擾」、「職場霸凌」這些字眼，所以現在無法想像的近乎犯罪的行為相當氾濫，尤其是像我這種在黑色企業工作的人，在職場上也留下了許多不愉快的回憶。

例如，一個月免費加班一百小時以上，居然是理所當然。去地方分店，總是會碰到一邊暴怒發飆，一邊揮動高爾夫球桿或棒球球棒的部長。如果用成語來形容的話，就是「烏煙瘴氣」。如果是現在，若是報警的話，應該會馬上被逮捕吧！

還有，對於超討厭菸味的我來說，就算是現在回想起來，還是會感到相當抓狂，學校裡的教職員室、公司的辦公室內，甚至是新幹線或飛機上，總是會有不在意旁人，大剌剌抽菸的歐吉桑。關於香菸的問題，至今還是有很多人不懂禮儀，真的是相當困擾……。

另外，我很喜歡摩托車，在我中學的時期，騎乘當時被稱為「Rattatta」，也就是現在的速克達（scooter）在馬路上，就算沒有戴安全帽也沒關係。

可是，就在我考取輕型機車駕照，可以騎乘速克達上路的時候，就開始嚴格規定要戴安全帽了。

現在已經是就連上學騎乘自行車，也必須配戴安全帽的時代了，對吧？在我們國中、高中的時代，如果戴著安全帽騎自行車上學的話，應該會變成相當出名的怪人吧？不過，如果是在以前，肯定會被父母或兄弟嚴格制止，說「很丟臉耶！拜託千萬別那麼做」呢……。

艱辛的現在

現在的狀況已經徹底改變了。

就拿前面的舉例來說，學校教育法、未成年禁止飲酒法、勞動基準法、健康保健法、道路交通法的修改與制定，使得現在的裁罰趨於嚴格。

這可不是在危言聳聽，凡事一旦往某個方向轉舵，越演越烈的趨勢就不會停止。也就是說，法律、規定或規則今後應該會變得越來越嚴格吧！

法律、規定或規則的嚴格化有好處，也有壞處。

好處是規範社會的秩序，使社會更加健全。

例如，不需要懼怕無法控制情緒、心理不成熟的無理老師或上司，安心地上學或上班。不再因為沒禮貌的老師或是上司的二手菸，產生不愉快的情緒或健康危害。這真的是相當理想的情況。

就這個意義來說，法律、規定或規則，可說是相當重要的。

但另一方面，法律、規定或規則也有太過的情況。

感覺就像是被綑綁、約束著，相當地不自由。嚴苛的社會使精神感到相當疲憊。

只要想像一下校規便可知道。太放鬆也不行，太嚴苛也不好。

或許介於現在和過去之間的情況，才是最理想的。

至少不要再持續發展下去，如果嚴格的程度持續發展下去，就會變得更加不自由，更令人難以喘息。

另外，在被太多規制所束縛的社會中，年輕人想推動某些新事物的欲望，或是想帶頭做些什麼的自主性，也會被消磨殆盡。

老是被規範著「那個不行」、「這個也不可以」，慢慢不知道自己該做些什麼，結果就只留下什麼都不做的選項。

可是，未來的社會將會變得越來越嚴格。就算大家跨越了人生的第一個危機，擔憂、辛苦的事情仍然不會消失。一道又一道的難解課題，還是會像海浪般，一波波地撲到各位的眼前。

為了以明亮的表情，更順暢地跨越今後將變得更加嚴苛的社會，「柔軟且強韌的心」，也就是「恢復力」是絕對必要的。

第二章

是什麼讓我們不開心？

是什麼讓我們不開心？

我們日常生活中，總是會有沮喪、憤怒、悲傷的時候，會導致這種壞心情的主要原因是什麼？

如果立即作答的話，應該會出現下列幾個具體案例吧！

- 考試成績不佳
- 在社團活動中，沒有被選上正規選手
- 和朋友吵架
- 遭父母或老師責罵
- 犯罪、醜聞、不景氣等令人不愉快的新聞

一般來說，我們身邊所發生的負面事件，都會讓我們感到不開心。的確，每次只要碰到負面的事件或資訊，就會導致壞心情。至少心情不會那麼開朗。

順便簡單介紹一下相反的情況吧！

- 摸彩中獎
- 資格考試及格
- 喜歡的人跟自己告白
- 被父母或老師稱讚
- 久未來訪的親戚出乎意料地給零用錢

碰到這種正面的事件時，我們會產生愉快的心情。

這樣的經驗，使我們有了「生活周遭所發生的各種事件，影響我們產生不同的心情或情緒」的想法。

或許這種心情或情緒源自於遭遇的想法，根本是錯誤的觀念。

可是想法一旦成形，就會像常識那樣變得理所當然，之後也就不會產生任何疑問。

若要提高恢復力，就必須以不同以往的觀點去看待事物。

這裡試著重新思考看看。

我們的心情或情緒，真的源自於生活周遭的事件嗎？*

＊這裡先針對「心情」和「情緒」的差異稍作說明。
心情就像「好」或「壞」那樣，可以簡單分類成兩個種類。然後再進一步細分化的就是「情緒」。
例如，「壞心情」細分化之後，就是「憤怒」、「悲傷」、「不滿」、「嫉妒」、「恐懼」、「憎恨」、「沮喪」、「後悔」、「不安」、「孤寂」等「負面情緒」。
所以，就算把本書出現的「心情」和「情緒」當成相同意思（心情＝情緒）看待也沒關係。

艾利斯的ＡＢＣ理論

一般大眾都深信「事件創造出我們的情緒」，不過，心理學家阿爾伯特．艾利斯（Albert Ellis）卻對這種想法拋出質疑。

介紹一下在心理學中相當有名的「艾利斯的ＡＢＣ理論」。

所謂的ＡＢＣ理論是，以ＡＢＣ開頭的英文單字的首字母命名而成的理論。

先從單字的說明開始。

「Ａ」是Affairs的字首，代表「事件」的意思。

「B」是Belief的字首，直譯是「信念」的意思，這裡則是指「思考的習慣」、「掌握事物的方法」、「對事件的解讀」。

「C」是Consequence的字首，直譯是「結果」的意思，而這裡的結果指的是，產生什麼樣的「心情」，或是產生什麼樣的「情緒」。

艾利斯對於我們所認定的A（事件）直接造成C（心情或情緒）的想法拋出疑問。艾利斯認為不應該是A（事件）直接作用於C（心情或情緒），而是A（事件）在經過B（如何解讀那個事件）這個過濾器之後，才會產生C（心情或情緒）的結果。

例如，看到某人餵養野貓的情景，有人認為那是個相當慈悲善良的行為（思考），而覺得很暖心、感動。最後就會產生加分的（正面）情緒。

但在另一方面，也有人認為餵養野貓是相當不負責任的行為（思考），因而感到不悅或是憤怒。結果就會與前面截然不同，最後就會產生扣分的（負面）情緒。

就現實問題而言，就算碰到完全相同的事件，每個人所產生的情緒仍然各有不同。單憑我們所認定的「事件創造出我們的情緒」這種想法，根本沒辦法說明這種個人差異的情緒。

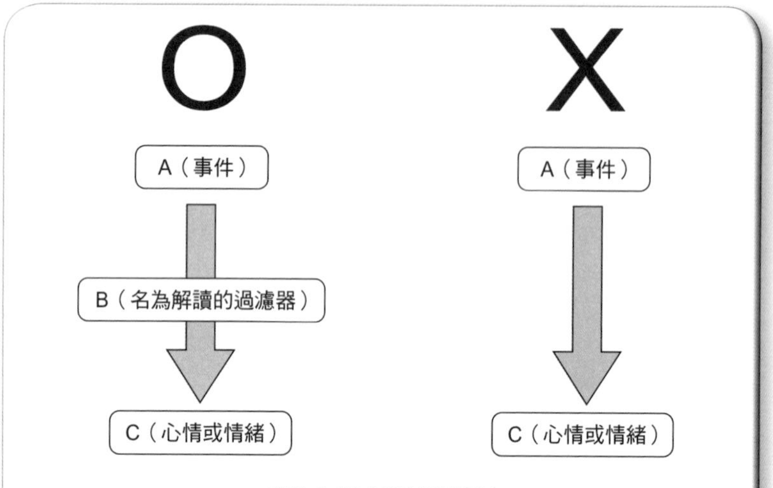

產生心情或情緒的機制

可是，艾利斯的ＡＢＣ理論卻能充分說明這種有個人差異的情緒。

舉例驗證ＡＢＣ理論

光是看完前面的說明，或許還是有人似懂非懂。

接下來就再舉一個具體範例，進一步詳細說明。

父母或老師、朋友或學長學姊經常會說「加油喔！」

接著來介紹對這句話的三種解讀方式。

當然，解讀方式會因狀況或語調而有不同，不過，總有人消極地認為，話意的背後代表「瞧不起」的意思（B）。

之所以叫你加油，是因為現在的你還不夠強。所以必須再更加努力才行。解讀成你很差勁。

此外，也有人會把這句話解讀成「已經被放棄」或是「被拋開」的意思（B）。如果做出類似的解讀（B），最後產生的結果（C）便是壞心情。

在面對神經比較敏感的人，「絕對不能講的話的清單」當中，最優先被列出的字句便是「加油」這兩個字，也是基於相同的理由。

另一方面，也有人會做出正面的解讀（B）。

「加油喔！」這樣的字眼，來自於溫柔或愛情等百分之百的善意，代表對方對自己有所期待。如果做出這樣的解釋，就會產生喜悅的心情（C）。

也有人會非常冷靜地解讀（B），不過，或許比例並不高。

「加油」這樣的字句就跟「你好」或是「再見」之類的字句一樣，只是尋常的問候，發言者並沒有什麼特別的意圖。所謂冷靜解讀就是指這樣的人。

因此他們這時，心情並不會有太大的變化。

就像這樣，光是一句簡單的「加油」，仍會因為對字句的解讀不同，而產生不同的情緒結果。

也就是說，並不是事件使我們產生情緒，而是我們對事件的解讀，使我們產生情緒，這就是所謂的「艾利斯的 ABC 理論」。

過去面對心理問題，經常抱持放棄感

就算碰到完全相同的情況，有些人幾乎感受不到壓力；但也有些人感受強烈的壓力，這個部分也和艾利斯的 ABC 理論有關。

有的人儘管面對非常難以忍受的壓力，還是有辦法裝做一副若無其事的樣子。而另一方面，也有的人明明只遭受到一點點壓力，卻心情沮喪到幾乎無法振作。

另外，通常大家都認為胸襟開闊的人，抗壓性比較高，而我這種神經質的人，則沒什麼抗壓性。

因為抗壓性高（心靈強韌）和低（心靈脆弱）有很大的個人差異，所以關於心理的各種問題，一直被視為性格或體質方面的問題。

也就是說，性格或體質是與生俱來的問題，並不是三兩下就可以輕易改變的，因此，這種「放棄感」總是無所不在。

的確，只要把問題推給性格，就可以簡單放棄。可是，我並沒有放棄。

四十頁介紹過的「意志力」不也是如此嗎？這讓我在最近不斷產生欣喜的想法。過去被視為與生俱來的先天性問題，不再是問題，而是可以靠後天養成、培養的。換句話說，只要靠自己的意志和行動就可以改變。

其實所謂的「性格」是掌握不到實體，是抽象、未知且曖昧的，所以根本不知道該怎麼改善才好。這樣一來，情緒就會逐漸倒向放棄的那一邊。

可是，只要能夠具體掌握「性格」，應該就能做出改變。

何謂性格？

研修或演講的時候，我經常問管理階級的人員底下的問題。

「如果問已經屬於不同世代的中學生或高中生『什麼是性格』，大家會怎麼回答呢？請試著做出可以讓任何人都能接納的說明。」

結果，答案都是「因人而異」、「每個人各不相同」，至今仍沒有人能夠確實回答。

一直以來，大家總是毫無疑問、理所當然地使用著「性格」這個名詞，但是幾乎沒有人可以真正掌握到其真面目。真的很不可思議，明明不懂名詞的意思，使用的時候卻像是十分了解似的。

換成閱讀這本書到這裡的各位，如果現在問大家「什麼是性格？」應該有人可以回答出「人們各自不同的看待事物的方式」這樣的答案吧？

可是，這樣還是不夠。

三省堂《新明解國語辭典》的解釋是：「因事物的思考方法、感受方法或行動而有不同特徵的個人獨特性質（的傾向）」。

其他字典的表現方式雖有不同，不過內容大同小異。

簡單來說，所謂的「性格」應該要和「思想」、「情緒」、「行動」搭配組合（因人而異的模式）才對。

也就是說，即便遇到完全相同的狀況，每個人對狀況的解讀（思考），解讀後的情緒感受（情緒），以及之後的對應（行動），都會各不相同。

由「思考」、「情緒」、「行動」這三種要素組合而成的模式，就是我們所說的性格。

性格就在ＡＢＣ理論的延長線上

艾利斯的ＡＢＣ理論把「思考」（對周遭發生的事件所做出的解讀）一直到「情緒」產生的部分，視為性格的前半段。

可是，所謂的性格並不光只有那個部分，還有後半段。

那就是「行動」。也就是說，產生「情緒」之後，包含之後採取什麼樣的「行動」在內，全都被定義為「性格」。

例如，集中精神，花了很長的時間為考試做準備。結果，考試的成績卻相當不好，完全不如預期。

假設發生了那樣的事（Ａ）。

大部分的人都會把這件事解讀（B）成「努力沒有獲得回報」，所以心情應該會變得相當「沮喪」。

截至目前為止，相當於「性格」的前半段。

可是，即便同樣有「沮喪」、「失望」之類的情緒，接下來的對應（行動）卻是因人而各有不同。

- 自暴自棄而放棄讀書，開始放縱戀愛或盡情玩樂。
- 勉強應付學業，把心力轉而傾注在音樂或運動上面。
- 澈底檢查哪裡有問題，從根本改變讀書方法，變得更加用功。

就像這樣，即便產生完全相同的情緒，之後所採取的行動仍然會因人而異。包含這後半部分在內，因人而異的組合模式，就是我們所稱的「性格」。「思考」、「情緒」、「行動」便是構成性格的三要素。

把三要素分成兩個組別

那麼，有個問題要請問大家。

構成性格的三要素「思考」、「情緒」、「行動」當中，最容易憑各位的意志改變的是哪一個要素？

我在很多不同的場所，問過許多不同的人，得到最多的答案是「行動」，次多的答案則是「思考」。

兩個答案都是正確答案。

關於「行動」和「思考」，哪一種比較容易憑自己的意志改變呢？就順序來說，因人而異。不過，不管是哪一種，都可以憑自己的意志改變。

可是，令人遺憾的是「心情或情緒」無法憑自己的意志改變。

最近經常聽人說「控制情緒是很簡單的事情」，也曾在書上看過類似的字句，但事實上人沒辦法靠自己的意志控制情緒。

所以才會有很多人感到困惑、痛苦。如果可以隨心所欲地把負面情緒轉換成正面情緒，就不需要這本書了。

仔細想想，從日常的瑣碎雜事，乃至罪大惡極的犯罪重案，社會上所發生的問題，幾乎都起因於情緒的無法控制。

例如，就先看看身邊常見的問題吧！

讓我們的溝通變得困難的最大主因，就是因為人有「好」、「惡」之分。由於不管怎麼樣就是沒辦法喜歡「那個人」，所以無法順利溝通。這完全是情緒的問題。如果可以自由控制這種「討厭」或是「就是不喜歡」的情緒，應該可以減少許多溝通上的勞心與勞力吧。

讀書也是一樣，因為沒辦法自由控制「幹勁」，所以大家才會感到困擾。「好，開工！」這種「心情」就是「幹勁」，所以「幹勁」也算是心情或情緒的領域。如果可以靠自己的意志自由控制，就可以依照計畫讀書，成績應該能夠輕鬆提升。

運動也一樣，控制情緒也是很重要的課題。

不管是哪種運動都一樣，儘管物理方面的能力（身體能力）再強，還是有很多人因為無法控制情緒而以失敗收場。如果可以在比賽時巧妙地控制情緒，比賽的過程，甚至是結果，都會有極大的改變。

三要素相互連動

前一節提到，「思考」、「情緒」、「行動」是構成性格的三要素，這三個要素可進一步分成「能夠靠自己的意志控制的要素」和「無法靠自己的意志控制的要素」兩種類別。

本書的主題「恢復力」當然屬於「心情或情緒」相關的領域，所以被分類在「無法靠自己的意志控制的要素」類別。

也就是說，就算採取任何動作，「心情或情緒」仍舊無法隨心所欲地改變。以一般的想法來說，這代表了無計可施，換句話說，就是完全投降、束手無策。

可是，我們完全不必放棄。為什麼？因為雖然沒辦法直接控制「心情或情緒」，但我們卻可以採取間接控制。

話說回來，構成性格的三要素當中，有個千萬不能遺漏的有趣特徵。那個特徵就是連動性。也就是說，三要素當中，只要有任何一個朝積極的方向改變，剩下的兩個要素也會隨之朝積極的方向邁進。

當然，只要有任何一個朝負面方向前進，剩下兩個要素也會跟著連動，轉向消極。

其中最容易理解的應該是「心情或情緒」與「行動」的連動性吧！心情好的時候，行動會變得活躍且積極。反之亦然。

不管是回頭檢視自己也好，觀察身邊的人也罷，應該都可以輕易看出「我們的日常行動全都是看心情而定」。

所以，「心情或情緒」和「行動」的連動是可以讓人理解的。

只不過，心情十分地古怪、難以捉摸。而最令人困擾的是，我們沒辦法靠自己的意志自由地控制「心情或情緒」。而且，應該很多人都可以隱約察覺。

儘管如此，如果企圖憑藉意志力、幹勁、毅力改變「心情或情緒」，會有什麼樣的結果呢？

像這樣持續嘗試不可能或無理的事情，是非常辛苦的，而且會極度地疲憊。最後陷入自我嫌惡、絕望或放棄的最糟糕的負面情緒中。

持續挑戰不可能的事情是沒用的。只是會持續產生新的壓力而已。結果使得恢復力減弱。

今後就把「心情或情緒」拋到腦後吧！把精神投注在可以控制的「行動」或「思考」，才是最聰明的做法。

改變「行動」，「心情或情緒」也會跟著改變

關於「心情或情緒」對「行動」的影響，大家應該都有相當多的經驗。

但相反地，「行動」對「心情或情緒」的影響（連動），應該有人會感到疑惑才是。

這裡分享兩個「行動」影響「心情或情緒」的實際案例，這是我高中時期的親身體驗。

我就讀的高中，每年都會重新分班。

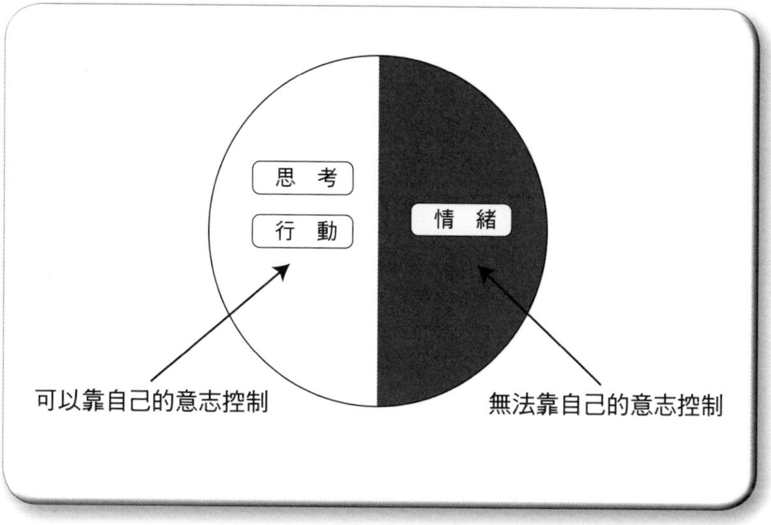

高中三年級的開學典禮那天，新班級裡面有個姓大橋的男同學，他給我的第一印象相當差。我也不知道為什麼。明明連說話的機會都沒有，但就是打從心底無法接納他。

某天，我上課遲到，到了學校才知道大家擅自在朝會的時候，把我推選為文化祭的執行委員。也就是所謂的缺席裁判。聽說各班必須推選出二名文化祭執行委員才行，而另一個人偏偏就是那個大橋同學。

我當然是千百個不願意，不過，未來的數個月期間，還是得和大橋同學一起行動。在彼此相互合作，辛苦準備文化祭的過程中，我對他的評價（思考）逐漸有了改變。「其實這傢伙挺不錯的」，我對他的看法改觀了。

然後，情緒也從「討厭」變成「喜歡」。

畢業的時候，我們兩個成了相當好的朋友。即便是成年後的現在，我們仍然持續保持聯繫。

這就是一起熬夜準備文化祭的積極行動，促使思考乃至於情緒都轉變成積極方向的最佳範例。

另一個實際範例。對於不善於打掃、整理的我來說，這種事情經常發生。

雖然完全沒有那個心思，可是因為父母一直囉嗦，所以心不甘情不願地開始整理書桌。之後，很不可思議地，產生想打掃、整理的心情，結果便花了一整天的時間，把整間房間打掃得一塵不染才罷休。

大家可能也有類似的經驗吧。

「思考」是強化恢復力的最重要關鍵

有效運用構成性格的三要素的連動性，把可以靠自己的意志控制的「行動」或「思考」轉至積極的方向，這點非常重要。這麼一來，「心情或情緒」也會轉往積極的方向。反覆這樣的動作，就可以提高恢復力。

可是，這裡有一個問題。

的確，「行動」可以靠自己的意志改變。可是卻出乎意料地困難。尤其是持續執行理所當然的事情，特別困難。

例如，大家都知道，早睡早起不僅對身體很好，對心靈也很有益處。儘管如此，熬夜、賴床，甚至是睡回籠覺的慣犯卻屢見不鮮。

均衡的飲食和定期的運動習慣也是。醫學證實，這些事情對身心有良好的影響。儘管如此，大家卻是塞了滿嘴的零食或巧克力，一邊在家裡悠晃。

只要平日孜孜不倦地用功讀書，成績就能確實提升。可是，在考試的一星期前才熬夜苦讀，卻是相當慣見的手法，這種錯誤做法應該不光只有我一個人有經驗。

就算沒有一一提出來，大家都知道現實生活中的哪些事對身心有益，可是卻很難辦得到。

理所當然似的執行任何人都懂的理所當然的事情，才是最為困難的。所以，我強烈建議改變「思考」。

首先是第一章的重點：

提高恢復力的腦部鍛鍊方法，不是增加知識，而是增加觀點。換句話說，就是訓練自己，從更多的不同觀點去看待一個事件或事實，讓腦部，也就是心靈變得更柔軟。藉此培育出堅韌且不容易受傷的心靈。

這正是改變「思考」的訓練。

接著，第二章介紹了「艾利斯的ＡＢＣ理論」，我們從中學習到，情緒取決於名為思考的過濾器。

這種過濾器也可以說是我們看待世界的「有色眼鏡」。這種名叫「思考」的有色眼鏡，可以靠我們的意志改變。只要改變這個有色眼鏡，「心情或情緒」就會隨之改變。

然後，則是主張應該從改變「思考」開始的理由。

這便是構成性格的三要素的順序。

所有的事都分成兩個階段

我們對某個事情的反應，跟前面的說明一樣，通常都是以「思考」、「情緒」、「行動」這樣的順序做出反應。

當然，如果是中樂透、攸關親人生死等極端的事件，或是日常生活中頻繁反覆的事情，往往會略過「思考」這個解讀步驟，條件反射的瞬間產生情緒。

可是，即便是在這種情況下，就算意識變得薄弱，腦部還是會對事情做出立即判斷

（這裡指的當然也是「思考」）。

有句名言是這麼說的：「所有的事都分成兩個階段。」

例如，考試的答案、作文或研究報告、美術作品等，會以「行動的成果（結果）」出現在我們的眼前。

可是，以數學驗證問題為首的問答題、作文（尤其是英語作文）、美術作品，都會先在腦中浮現出形象或全體的大致樣貌。

之後，開始進行實際的填寫（描繪）。沒有方案（計畫或形象），就無法立刻採取行動。因為唯有在腦中產生形象，才會有之後的行動或結果。

所有事情都是行動的結果。首先是①在腦中產生形象（這就是思考），之後②採取實際的行動，最後才會產生結果。

所謂「所有的事都分成兩個階段」指的就是，所有的結果都是由①思考+②行動這兩個階段所構成。

所有行動的主軸在於思考。換言之，思考是行動的出發點或起點。

「思考」可說是「思考→情緒→行動」的流程「入口」。這個「入口（思考）」和「出口（行動）」可以靠自己的意志改變。

因此，把全力投注在入口，便是上上之策。

第三章將會以「思考（入口）」為中心，介紹導致恢復力減弱的「扭曲思考」，並進行把扭曲思考改變成「合理性思考」的練習。那個練習將能培育出健全的挑戰精神，從而提高恢復力。

另外，第三章的內容是本書的主軸，在以「思考（入口）」為中心的同時，也會將焦點放在「行動（出口）」上面。

接下來將介紹改變「思考」和「行動」，藉此雙面夾擊「心情或情緒」，既具備實踐性且有效的手法。

壓力不是壞事

我們對事物的掌握方法（思考），對恢復力所帶來的影響遠超乎我們的想像。本章的最後將透過實際的故事來為大家介紹。

一九九八年，美國實施了壓力相關的調查：

「這一年期間，你感受到多少程度的壓力呢？」

「你認為壓力對健康有害嗎？」

報告中把二萬八千七百五十三名回答問題的受訪者，分成下列四個組別：

A：壓力少，認為壓力對健康無害的人。

B：壓力少，認為壓力對健康有害的人。

C：壓力多，卻認為壓力對健康無害的人。

D：壓力多，同時認為壓力對健康有害的人。

針對這四個組別進行為期八年的追蹤，調查死亡的人數。

死亡人數由多至少，排序的結果是D＞B＞A＞C。

沒想到，死亡人數最少的組別不是壓力較少的A和B組別，而是壓力雖大，卻能夠積極面對壓力的C組別。

看來，只要不認為「壓力對健康有害」，就不會對我們的身體帶來致命性的損害。

然後，這個報告還隱藏著另一個有益的資訊。

那就是：「壓力不是壞事。甚至，壓力還能提高恢復力，對健康或壽命帶來好的影響」。

之所以覺得壓力多，就代表面對問題或課題的時候，沒有逃避、放棄或是視而不見，而是勇敢地面對，然後認真地積極處理。

壓力是促進我們的成長，使我們的人生更加豐富的好事。

《鬼太郎》的主題曲也有這麼一段歌詞。

「好快樂啊～好開心啊～妖怪不用上學也不用考試。」

那的確很愉快，因為不會有半點壓力。

可是，卻不會有半點成長。就結果來說，應該是很無趣，一點都不快樂。

心理學家漢斯．塞利（Hans Selye）是壓力這個名詞的發明者，同時也是壓力學說的創始者，他在晚年時曾說過「壓力是人生的調味料」。

調味料過多的料理，當然會讓人無法下嚥。可是，調味料如果太少，應該會像醫院營養餐那樣，總覺得缺點什麼。適量的調味料不僅香氣誘人，對消化也很有幫助。最重要的是夠美味。

當然，過度的壓力對身心有不好的影響。但是另一方面，壓力太少也絕對不是好事。適度的壓力才能讓我們的身心變得更加強韌。

第三章
削弱恢復力的負面想法

在前一章節我們學到，情緒並不是源自於事件本身，而是對那個事件的解讀，使我們產生不同的情緒。

用不同於以往的觀點去看待事物，以合理的思考解讀的習慣，對我們心靈的「心情或情緒」有絕對的影響，同時也能直接強化恢復力。

用不同於以往的角度，去解讀在我們身上所發生的事件，就像是把看待事物的有色眼鏡的鏡片換掉一般。如此，截至目前為止的事物，就會頓時有截然不同的新面貌。

接下來介紹七個削弱恢復力的想法。

削弱恢復力的想法，包括易於承受壓力的想法。因為心靈的疲勞會削弱所謂恢復力，也就是心靈的自然治療力。

這裡有一點必須注意。

接下來，將介紹的七個想法是人人都相當習以為常的想法，甚至很多人同時具有這七個想法。因此，就算自己七個想法一應俱全，也不需要太過沮喪。

可是，不管是哪一個想法，就算只有一個符合，當那個想法特別強烈時，就必須多加注意。

① 擴大解釋否定（否定正面肯定）
② 二分化思考（判斷標準過少、非勝即敗的思考）
③「當然」、「應該」、「必須」的思考
④ 過於制式化
⑤ 妄下結論
⑥ 劣等比較
⑦ 全盤接受他人的評價

削弱恢復力的七個想法

首先，請觀察在什麼時候，哪個想法會變得強烈，從中找出自己的思考習慣或模式。察覺，也就是自覺，是改善的第一步。

該怎麼改變比較好（以思考的改變方法為主，但多少也會觸及行動相關的部分）呢？本章將會為大家確實解說。

就像第二章說明的，請回想一下構成性格的三要素的分類，以及其順序和連動性。

只要靠自己的意志，把入口「思考」（想法）和出口「行動」控制在正面、積極的方向，「心情或情緒」就能隨之朝向正面、積極的方向。

①擴大解釋否定（否定正面肯定）

現在請在腦中回想「一個」希望盡可能迴避，或是感覺很難相處的人。然後，試著思考原因。

在某種讓人產生「討厭」情緒的情景，尤其是和「某人」之間的人際關係令人感到壓力的時候，多半都會被「擴大解釋否定」這樣的想法所支配。

例如，「沒耐性」其實是「情緒轉換太快」；「優柔寡斷」則是「凡事處理比較慎重」，這些乍看似乎只有「負評價」的語詞，如果試著改變看法，也可以變成「正評價」。就像這樣，只要改變角度，就能看到各種不同的特徵，才是人類的深不可測啊。

儘管如此，我們還是會因為單方面的偏見，而只看到「那個人」的「缺點」，這就是「擴大解釋否定」的想法（對事物的看法）。

例如，如果各位和父母之間產生矛盾，肯定會聯想到下列這些與父母相關的「否定面」。

・不論做什麼事，總是在旁邊嘮叨

‧說話不算話
‧總是嫌棄，吝於誇獎
‧好事總記不得，壞事卻老是掛嘴邊
‧一副高高在上的樣子
‧老愛拿自己和某人比較
‧在朋友面前揭露自己幼年時期的丟臉事蹟

另外，就算聽到某人說：「哎呀，沒那回事啦！你爸媽從以前就是很善解人意、體貼的人」，或是「她是出了名的貼心耶！」等與父母有關的「肯定面資訊」，自己還是會馬上予以否定，「那只是在外面」或是「那是偶爾啦！基本上她根本不懂什麼叫貼心」。

這就是「否定正面肯定」。

如果像這樣，只把觀點固定在「負面部分」，就沒辦法公平地看待事物。

這種想法在遇到「討厭」、「棘手」、「不擅長」的特定人物或事物時，尤其更加強烈。

人類的大腦本來就習慣負面思考

七個想法的第一個，是不是讓你感到心有戚戚焉？

關於這種擴大解釋否定的想法，應該很少有人敢斷言「我完全沒有」吧？為什麼呢？因為大家的思考本來就是負面的。

二〇〇二年獲得諾貝爾經濟學獎的心理學家丹尼爾．康納曼（Daniel Kahneman），把攸關這種思考的負面性質應用在經濟學上，提出「展望理論」（prospect theory）。

他把過去經濟學未曾說明的人類情緒納入考量，劃分出名為行為經濟學的學問領域。

以認知心理學的理論為基礎的展望理論提到，「人在評估風險決策的時候，當損益程度相同時，會以高於利益二點二五倍的規模去看待損失」。

似乎很難懂，對吧？那麼就用具體範例來說明。

假設，大家正考慮是否購買新手機，或者拿舊手機換購。

各位應該會跑好幾家店，比較目標機種的價格。跑了許多店家比價之後，因為 A 店比較便宜，所以便花五萬日幣買了新機。

可是，人類是相當固執的生物，明明買了就算了，可是每次去其他店家的時候，還是會再次確認手機的價格。

因為別的事情而前往K店時，偶然發現相同的機種，確認價格後發現售價要六萬日圓。也就是說，自己的購買價格便宜了一萬日圓。這當然會讓自己欣喜不已。

可是，去Y店的時候，再看看那支手機的價格，居然售價只要四萬日圓。這次便有了自己折損一萬日圓的感覺。

那麼，賺一萬和賠一萬，哪一邊的印象比較深刻呢？

比起欣喜的感受，不甘心的那一邊應該會比較強烈吧？

丹尼爾．康納曼說，「悔恨」的感受會比「喜悅」多出二點二五倍，就是這個意思。順道一提，如果是我的話，豈止是二點二五倍，應該會有五倍以上的「悔恨」感受呢！

基本上，我天生就很愛斤斤計較，即便是一塊巧克力也一樣。如果我早上買了明治巧克力，下午卻在附近的其他便利商店發現，那個明治巧克力被擺放在收銀檯旁邊的促銷專區，我就會捶胸頓足，那個悔恨會長達三天之久。

人腦從一萬年前就未曾改變

我們的思考之所以會像這樣形成負面，原因就在於腦部。

其實據說我們的大腦，已經有一萬年沒有進化了。也就是說，大腦的預設就是為了適應一萬年前的環境。

說到一萬年前，當時是靠狩獵，以野獸、魚貝、果實為生的繩文時代（編按：日本舊石器時代至新石器時代期間，稱為繩文時代）。

就算舉食物為例，也沒有例外。在一萬年前，每次吃東西的時候一定會先產生猜疑。現在，如果對便利商店或超商買回來的食材，抱持著東西是否有問題的疑問，在拆包裝的時候一邊仔細觀察，甚至連氣味也要進一步確認的話，那樣的人就會被歸類成有點奇怪的人。

可是，如果是在一萬年前，又如何呢？

沒有任何懷疑，直接拿起來就吃的人，反而會被歸類成奇怪的人，基本上那樣的人應該沒辦法存活下來吧！

光是想到飢餓或寒冷、天氣變化或疾病，和活在現代的我們相比，遠古時代光是活著，都是件相當費力的事。

當然，當時既沒有自衛隊，也沒有警察，更沒有所謂的法律規範，所以包含人類以外的敵人在內，任何人都必須靠自己保護自己。

就連健康、最低文化限度的生活都不受保障，所以每天應該都過得相當辛苦。生活總是受到大自然的影響，就連飲食都無法滿足，生命總是隨時遇到危機。

就像身不由己的野生動物那樣，總是一邊害怕，一邊為可能發生的嚴重事態做好萬全準備，持續繃緊神經。長久以來，持續注意負面事物，是生存所不可或缺的一環。

可是，現在的狀況已經急遽改變。當然，生命的危機並沒有完全消失殆盡，還是會有東日本大地震或世界各地頻繁發生的恐怖事件等危機發生。可是，比起一萬年前，已經變得比較安全的現代，這種腦部的初始設定，應該已經過時了吧？

以現在三倍正向的力量思考，才能取得平衡

心理學家芭芭拉．佛列德瑞克森（Barbara Fredrickson）提倡，正面思考和負面思考的理想比例是三：一。

其實這個想法正好和展望理論不謀而合。

展望理論提到，通常負面思考會比正面思考多出二點二五倍，所以就算把正面思考設定為二倍，還是不夠。

原本大腦的預設便是負面思考，所以如果不予理會，我們的腦自然就會偏向負面。甚至會經常達到三倍之多吧？

當然，凡事以百分之百正面去思考，是有危險的。偶爾還是需要投石問路，敲一敲石橋，確定石橋是否夠堅固，再過橋。可是，如果放任負面思考不管，腦部的預設作用會變得太強，導致石橋因為敲得太過而崩塌。

所以我們必須刻意把思考轉換向正面方向才行。

跟大家分享一個有趣話題。

我在研修和演講的時候，對管理階層的人說：「請試著回想現在最在意的一個人。」大部分的人所想的，都是自己的孩子。

然後，當我說：「現在請想著對方，把那個人的缺點（不喜歡的地方）寫出來。」大家最少寫出三到五個，有人甚至可以寫出十個。

接著我說：「那麼，接下來請寫出那個人的優點。」結果大部分的人都寫不出來。就連自己最愛的孩子，都會有這樣的情形。

果然，這也是因為腦部的預設作用太強的緣故。

我們和朋友或戀人長期交往以後，是不是總是看到對方的缺點？「如果可以改掉這個壞習慣就好了」，這樣的「缺點」。

如果是要改善人際關係或加強恢復力的話，我個人建議應該寫出三到五個優點。

若要改善或提升人際關係，就要把焦點放在和自己有關的所有人的「優點」（長處）上，即便是微不足道的優點也沒關係，至少請找出五個優點。

有關強化恢復力，養成在一天結束的時候，回顧一整天的習慣吧！

就算是睡前，或是躺在床上的時候也沒關係。多麼細微的事情也沒關係，請每天回想至少五個讓自己感到開心、快樂、值得感謝的正面事物。

- 早晨的空氣很清爽
- 從交情不錯的朋友那裡收到寫著好消息的卡片
- 放學後，許多朋友陪著自己一起寫報告
- 和喜歡的人眼神交會
- 和朋友一起吃午餐，很美味
- 社團比賽雖然只有一次，卻十分充實
- 夕陽很美

光是這樣，就能帶給自己滿足的心情，使心靈沉靜。

用好心情為一天畫下句點，就可以讓自己睡得更好，在睡眠中蓄積明天所需的能量。強化恢復力就是這麼簡單。

②二分化思考（判斷標準過少、非勝即敗的思考）

在如果不把事情理出個是非對錯，就不會善罷干休的人身上，經常可以看到這種二分化思考。

二分化思考強烈的人，會以正反二分化的方式去解讀事情。

例如，看到某人時，會瞬間判斷：這個人對自己而言是「敵」？是「友」？又或者是「有能力的人」？還是「沒出息的人」？

另外，當某些事物有了結果之後，對於事件的「經過」或「理由」，或是那個結果或數字背後的「意義」完全不感興趣，只想知道究竟是「成功」？還是「失敗」？

判斷標準只有正反兩面，所以對凡事總是以「對或錯」、「善或惡」、「有或無」這樣的方式做出判斷。

很多人是採用全壘打或三振出局，這種賭博方式。出了社會之後，也有人以這樣的異數出人頭地。

不久前，認識了某知名大型企業的董事，而有了和二分法思考強烈的人談話的機會。對方誇口說道：「在我的標準裡，大學只能念東大。」「在我眼裡，一百分以外的成績都一樣爛。在我看來，不管是九十九分，還是零分，全都一樣。」

這種二分化思考強烈的人，總是能快速地看透事物，做事乾脆、爽快，乍看十分豪爽，給人「精明幹練」的印象。

但其實，大部分的人都只是為了隱藏自己內心裡的懦弱，才會不斷地採取強勢的言論，結果在人際關係上樹立許多敵人。有時甚至會在不知不覺間變得孤立無援。

堅硬的樹木反而特別容易被折斷，同樣的道理，以剛強的態度或言論佯裝強勢的人，其實心靈相當脆弱，經常因為某些小失誤或失敗而嚴重受挫。

事實上，進行心理輔導的時候，也有很多看似強悍的人都罹患了憂鬱症。

另外，因為對自己、對他人的要求標準很高，因此，事與願違的結果導致失望的機會就會增多。焦慮的情況也多，使得精神無法好好休息。

就像這樣，習慣把所有事物二分化的人，容易產生壓力，也會在不知不覺間削弱自己的恢復力。

二分法思考其實是種自我脅迫

實際上，世上所發生的現象無法單純地一分為二。

尤其是人類的存在更是如此，人類的能力是相當多變的。

某方面能力不足，未必沒有其他的能力。另外，就算某件事辦不好，也並非任何事都辦不到。

例如，雖然我連國中一年級程度的理化科目都解不了，但是我在文科方面卻很強。以前大家都說我協調性不佳，所以我總是跟團體運動無緣，可是我卻可以在個人競賽上留下好的成績。

只單看某一部分，就輕易把人分成「有能」或「無能」，可說是非常狂妄的言論。

當然，或許才華橫溢，什麼事都難不倒是最理想的，但在另一方面，正因為「什麼都會卻什麼都不精通」，才無法判斷出哪個部分比較好。

不光是人，事情也一樣，凡事無法單純到可以瞬間做出判斷。

短時間的判斷往往都會受情緒擺弄，而且往往不夠準確。

例如，在偉人的生涯或偉大事業的創立祕辛中經常提到：如果以短淺的觀點判斷，會造成大失敗；但如果試著改用中長期的觀點，就有機會大成功。

接下來介紹二分法思考削弱恢復力的決定性理由。

其實「二分法思考」換言之就是「二選一思考」。

這裡有個問題。

例如，當父母、老師、學長姊要求學生，或是客戶、上司、前輩要求員工，從「做」與「不做」之間二選一，美其名為「選擇」。

國中時期，社團的指導老師經常像這樣逼迫我。

事前完全沒有和學生商量，就直接拿著自己擅自決定的練習表問我們，「做」還是「不做」。

多虧這個老師，我開始討厭起原本最喜歡的羽毛球，才僅僅數個月就讓我放棄了羽毛球社，變成放學直接回家。

二選一不是「選擇」，而是「脅迫」。沒有人喜歡脅迫的感覺。脅迫會讓人感到討厭、退縮。另外，自主性和獨創性也會遭受剝奪。

所謂的思考，其實也是與自己對話、和自己溝通。二分法思考就跟自我脅迫沒兩樣。討厭的事情在不知不覺間增多，結果，就會削弱恢復力。

所謂的選擇，至少也應該有三個選項，也就是說必須要有三個以上的選擇才行。增加選擇的訣竅和下一節通用，所以將會在稍後一併說明。

這裡就請先記住，思考的選項必須要有三個以上。

③「當然」、「應該」、「必須」的思考

五〇頁曾介紹過第二章開頭的範例，完全符合這些想法。

- 考試成績不佳
- 在社團活動中，沒有被選為正規選手
- 和朋友吵架
- 遭父母或老師責罵
- 犯罪、醜聞、不景氣等令人不愉快的新聞

碰到這些負面事件或資訊時，我們的心情會變差，至少開朗不起來。

可是，那種壞心情的強弱還是有個人差異。壞心情或負面情緒越強烈，越容易削弱恢復力，所以精神上的傷害也會拖得比較久，使恢復力變得緩慢。

遭遇負面事件時，負面情緒之所以變得強烈，是因為我們的心裡存有「當然」、「應該」、「必須」的想法。

具體來說，就是下列的思考方式：

- 我那麼認真讀書，當然應該考出好成績
- 不管怎麼想，我都應該被選為正規選手
- 當朋友和自己意見相左時，就必須各退一步
- 父母當然要更了解孩子
- 身為政治家都應該是正人君子

這種「當然」、「應該」、「必須」的思考越是強烈，越容易碰到與自己意見相反的現實。結果，壞心情或負面情緒隨之變強，重新振作的時間也變得更長。

這種「當然」、「應該」、「必須」的思想，可以說是個人的常識、觀念。不過，這種常識很難搞。

為什麼呢？因為大部分的人所認定的常識隸屬於「思想」，有著地區差異、年齡差異等相當大的個人差異。

例如，關於智慧型手機的使用禮儀，就會因個人差異，而在不同地方造成糾紛。

另外，在常識當中通常包含了許多以自我為中心的價值標準。

這種個人差異較大的常識差距或偏頗，是在溝通當中導致負面情緒的最大原因。

嚴格來說，不管到了哪個時代都未曾消失的紛爭，或是在世界各地頻發的恐怖攻擊，也都是因為民族之間、宗教之間的常識或價值觀不同所導致。

這種思想的壞處更多

「當然」、「應該」、「必須」等想法，是我們的常識、良知，以及正義感或道德觀的另一面。

當然，我們不能放棄身為一個人的良知、道德、正義感。

可是，就現實問題來說，很遺憾地，這個世界充斥著蠻橫、不合理。

世上所發生的事物，並不會照著我們心中理想的常識或道德發展，可悲的情況不少；不按牌理出牌的人，也多如過江之鯽。

對於活在現實世界的我們來說，過度的正義感或道德觀總是束縛著我們，同時也是導致焦慮、憤怒的原因。更重要的是，還會讓我們生活得很痛苦。

請試著想一想身邊那種「當然」、「應該」、「必須」的思想極為強烈的人。我認為每個班級總會有一個正義感強烈、成天賣弄正義感的人。

這種想法過分強烈的人，在別人眼裡看來，不是獨斷獨行，就是咄咄逼人，周遭的人往往都會刻意疏遠。

在一起時，不是會感到喘不過氣，就是不知道對方什麼時候會心情變差，所以得戰戰兢兢地應對。因為必須隨時顧忌對方的情緒，所以朋友當中只要有一個這樣的人，就很難輕鬆、愉快地相處。

甚至，「當然」、「應該」、「必須」的想法一旦過度，會給周遭帶來「頑固」、「死腦筋」、「見解狹隘」之類的印象，讓人避而遠之。最後就跟②的「二分化思考」一樣，不是遭到孤立，就是失去自己的容身之處。

這種「當然」、「應該」、「必須」的思想強烈的人，以及較多這種想法的人，最後都會產生壓力，進而削弱恢復力。

中世紀的德國修道士托馬斯·肯皮斯（Thomas à Kempis）曾說過：「我們總是要求別人的完美，卻不去糾正自己的缺點。」

這種「當然」、「應該」、「必須」的思想強烈的人，等於就是在利用這種想法，把自己的作為合理化，或用來當成安於現狀的藉口。這樣一來，犧牲的代價就是失去學習、成長、和解的機會。

面對不滿意的結果時，如果發現自己也有過錯的話，就必須思考是否需要做出什麼樣的改善。那樣應該能夠成為通往建設性行動的出發點。

為什麼感謝的習慣有效

第八十五頁提到，「不管多麼細微的事情也沒關係，請每天回想至少五個讓自己感到開心、快樂、值得感謝等，使心情變好的事物」，以此作為「擴大解釋否定」的改善方法。

而對於③的「當然」、「應該」、「必須」的思想也一樣，上述方法也相當有效。其中尤其以「感謝的心」最為重要。

其理由在於「感謝」的相反詞。

「感謝」的相反詞是什麼？

答案是「理所當然」，也就是「當然」的思考方式。

不管任何人為自己做什麼，都是理所當然的。有熱騰騰的飯菜可吃、有柔軟的被窩可睡、什麼東西都可以唾手可得，如果把這些事情都視為理所當然，自然就不會有感謝的心。

養成感謝的習慣，就可以慢慢拋開「當然」、「應該」、「必須」的思考。

即便是沒什麼特別的事情發生的平凡日子，還是請試著在那一天的最後，回想一下五件值得感謝的事情，如果可以，養成寫下來的習慣吧！

寫下來就是行動。如果用思考和行動雙面夾擊，就能效果倍增。

或許有人覺得這麼做「很麻煩！」、「有夠蠢」。

只需要占用一點點花費在遊戲、智慧型手機、電視上面的時間就夠了，要不要試著投資恢復力看看？

如果還是覺得麻煩的話，就試試這個祕技吧！

很多人睡前都會在被窩裡傳LINE，對吧？

停止傳送抱怨、不滿或是某人的壞話，請向朋友報告，今天一整天發生了哪些「感到窩心的事情」。分別將各不相同的事件傳送給五個朋友，便可湊滿五件事情。

可是，如果對方是自己喜歡的人，請傳三則訊息。如此，對方對你的印象就會變得更好。

另外，也建議和感情好的朋友組成群組，養成平日和朋友分享「感謝」或「開心」等正面事件的習慣。

增加②和③共同觀點的方法

我們思考事情的時候，往往會以自己為標準。

最具代表性的範例就是：「自己覺得是這樣，所以對方應該也覺得是這樣」的想法。這是以自我為中心，單方面自以為是的典型，同時也是導致人際關係產生摩擦或失望的原因。

另外，以這種想法為基礎的行動，往往會變成「不受歡迎的好意」或是「人情的強迫推銷」。

若要增加觀點，就必須養成以對方為中心的想法。為此，有句話你必須知道，那就是「一切的行為舉止都有肯定性意圖」。

這裡所謂的「肯定性意圖」，是指對方「最原始的理由」。

從大家的常識或價值觀來看，對方主張的事情或許明顯錯誤，也可能採取的行動會讓人覺得「未免也太奇怪了吧！」可是，對於採取那種主張或行動的本人來說，應該基於某種理由，才會有那樣的主張或是做出那樣的行動，這就是「一切的行為舉止都有肯定性意圖」的想法。

如果站在對方的立場，觀點，也就是想法就會變成兩倍。

因此，希望大家不要再用以自己的常識或價值觀為基礎的二分法思考，去決定事物的對錯或是善惡，養成以更多不同的角度去思考事物的習慣。

即使你用世間一般所認知的「常識」，那樣的「有色眼鏡」去看待事物，在碰到負面的事件，或是不合理的言行舉止時，也要試著改變觀點，因為搞不好在事件的背後，有「足以令人接納的成分」，或是「情非得已的緣由」。

光是轉個念，心靈就會平靜許多，無謂的焦慮或糾紛就會驟減。

這樣不僅可以提高恢復力，還能得到胸懷開闊、待人寬容的副產品。也可以獲得大器（心胸開闊）的正面評價。

這個部分應該有點抽象、難懂，所以下一節將會用具體的範例詳細說明。

感情產生遽變的實例

這是我經營補習班時的真實故事。

有位國中三年級的女學生，從九月底開始拒絕上學。

母親束手無策，憤怒、激動地責罵女兒。

「在現在這麼重要的時期，你到底在想些什麼？為了避免在校成績單留下紀錄，就算再不願意，還是要給我去學校！」

然後，母親硬是把百般不願意的女兒塞進車裡，開車帶她到國中的校門口，目送她的身影逐漸消失在學校中，然後就去打工，再返回住處。

這時候，母親的腦中肯定有這種感覺：

「居然不去上學。而且還是在這麼重要的時期，惡劣、惡劣、太惡劣了。而且在校成績單會留下紀錄，不管怎麼說，上學本來就是理所當然。尤其是在這個時候，就算再不願意，還是應該去學校。還有，當女兒的絕對要乖乖聽從父母的話……」

那麼，換個觀點來看看吧！

女兒的「肯定性意圖」，也就是她不想去學校（事實上是「沒辦法去」）的理由究竟是什麼呢？

順道一提，我經營補習班時，雖然不太深入了解家長或學校，不過，這種案例卻多得驚人。

其實是因為「班導師的持續性騷擾」。

得知這個事實之後，母親崩潰痛哭。她緊緊抱住女兒，不斷道歉：「真的對不起、對不起……」

在得知肯定性意圖的瞬間，母親對女兒的情緒瞬間有了一百八十度的大轉變。母親的做法完全錯了，她應該責罵的對象是班導師、校長，或是教育委員會。

這就是以②和③為基礎的狹隘觀點所引發的悲劇。

①～③不容忽視的共通點

這裡試著來思考一下①～③的共通點。

①～③的想法比較強烈的人，承受的壓力較大，同時恢復力也比較弱。可是，問題並不只有這樣。

他們也會給周遭的人帶來較大的壓力，就連所有相關的人的恢復力都受到影響。

請試著想像一下。

假設下面的這個人是個班級導師或社團老師。

他的基本想法隨時都是負面狀態。面對任何事情，都要理出個是非黑白才肯罷休。總是以自己的經驗為標準，認為「年輕人就該有年輕人的樣子」，硬是把自己的想法加諸在別人身上。

如果你有這樣的老師，會怎麼樣？

當然，老師本身會隨時承受著壓力，而在那個老師的帶領下，學生們的生活肯定也會充滿壓力，持續累積而無法承受。

①～③的想法不光會影響到本人，就連與本人接觸的所有人都會遭受波及，完全就是讓大家陷入不幸的想法。

所以，①～③的想法，不管是哪一個，發覺自己有某個想法比較強烈的人，最好試著改變一下。這樣一來，不光是你自己，就連與你接觸的人的恢復力，都可以受到好的影響。

④過於制式化

所謂過於制式化是指，用宛如公式或手冊那樣的方式，解讀事物的思考習慣。數學問題只要套用公式，就可以解答。機械的操作，原則上只要依照手冊的指示，就可以操作。

然而，在現實的世界中，就算套用公式或照本宣科，很多事物卻未必能夠進展順利。尤其是人際關係更沒有所謂的手冊可以遵循，有戀愛經驗的人應該能有相當深刻的感受吧。

此外，學生時代的重點在於學習，很多人都認為只要靠自己努力，就可以大功告成、有所成就。

然而，實際出了社會之後，發現事實並非如此。有時也會碰到若不以團隊形式和許多人互助合作，無法單靠一個人達成的龐大計畫。

就像這樣，學生時代原本可以暢行無阻的成功公式或手冊，全都在瞬間失去效用。所謂的高學歷菁英，在實際的職場上無法發揮實力；在學校成績不佳的人，反而在職場上大放異彩，這些全都在於「過於制式化」這個想法強弱的關係。

「過於制式化」的想法如果太過強烈，原本在學生時代可以暢行無阻的做法，在實際出了社會之後，不斷碰到無法單靠自己的思考或經驗足以應對的情況。每次遇到阻礙，就會產生精神上的混亂，迷惘也逐漸增加，結果就會削弱恢復力。

另外，「貼標籤」的行為，也是從「過於制式化」的想法所產生的。

例如，A 先生平時待人敦厚。這天，A 先生因為升學問題和父母大吵一架，因此而心情不佳。

這個時候，你第一次碰到 A 先生。

你對 A 先生的第一印象應該會很不好吧？明明只是「碰巧心情不佳」，卻被貼上了「經常心情不好」的標籤。

這種狹隘的觀點、「過於制式化」的想法，會遮蔽住眼睛看不見事實，因此會讓自己有所損失。

不管怎麼說，我們往往都會過分執著於過去成功或失敗的體驗。即便那只是一時湊巧的經驗，我們仍然會把一次的經驗，認定成一般的公式。「過去曾經正確的答案，現在未必正確。過去錯誤的答案，現在未必仍是錯誤。」

若要在今後的現實社會生存，這種想法是絕對必要的。因此，我們必須增加過去所沒有的全新想法。增加這種全新想法的訣竅，與下一節的內容通用，所以將在之後加以彙整說明。

⑤妄下結論

例如，「國中一年級時，因為導師對我的無心發言，我才會養成這種膽小的性格」，這類被害者意識強烈的人，往往會主張這種強制的因果關係。

性格是在各種要素複雜糾葛的情況下，隨著時間逐漸形成的。可是，卻有人認為「只因為一句話就害了自己」，有這種想法的人可說是「妄下結論」的典型。

另外，經營補習班的時候，我也曾經碰過這樣的學生。

由於他來補習班的時候，好像心情十分沮喪，於是我便詢問他理由，結果他用幾乎快消失在嘆息聲中的聲音說：

「數天前放學後，導師把我叫去教職員室。然後，因為有部分推薦入學的必備資料寫錯了，所以老師叫我重新填寫後再提出。我擔心幾乎已經確定的推薦會被取消，所以這幾天一直食不下嚥，晚上也睡不著覺……」

也就是說，他滿腦子都是「資料的訂正」可能導致「推薦被取消」的事情。

這種庸人自擾，趨於負面的妄下結論，是容易自尋煩惱的人常見的思考模式。

如果終日心存這種想法，心靈就沒有獲得休息的一天。恢復力這種心靈的自然治療力也會逐漸變弱。

在研修或演講上進行說明的時候，經常有人提出這樣的問題：

「只要結論是正面的，應該沒問題吧？」

當然不是。正面的妄下結論也會造成問題。

為什麼呢？因為正面的妄下結論，多半都是單純的妄想。

例如，明明只是碰巧眼神交會，卻產生過分的期待，猜想「那個人肯定喜歡我。之後應該會發展成戀情吧？」但其實只是單純的妄想。

那份妄想早晚會被冷冽而且殘酷的現實打碎吧！如果擅自採取行動，搞不好還會被當成跟蹤狂遭到逮捕。

經常妄下正面結論的人，可說是有妄想癖的人。虛構毫無合理依據的童話式未來，會讓期待過分膨脹，而那樣的未來幾乎不可能實現。

這樣的人會因為不斷遭受打擊、失望，而使恢復力削弱，深深沉溺於妄想的世界，陷入永無止盡的惡性循環。

④和⑤的共通點

在④和⑤的想法中，可以看到的共通點是，「解決問題或達成目標用的方法或手段」太少。以下請把「解決問題或達成目標用的方法或手段」稱為「選項」。

如果從旁冷靜觀察選項較少的人的行動，就可以看出下列的奇怪行徑。

明明只要仔細尋找，就能發現牆壁上的裂縫或牆壁較低的部分，而且明明可以向人借梯子，卻還是滿身是血地，持續用身體撞擊牆壁的某一點……就是這樣的人。

當然，當事者是非常認真的……

以前，有個高中生因為成績沒有進步而苦惱，他來諮詢的時候，說了這樣的話……

「為了提高學業成績，我嘗試了各種不同的方法，可是成績卻遲遲沒有進步……」

我問：「我想了解一下，你說試了各種方法，請告訴我，你具體試了什麼方法？」

結果令人驚訝，我只得到「使用考古題自學」一個答案。

他本人明明說「嘗試了各種不同的方法」，但事實上卻只有採用一種方法，就只是「做了無數的考古題」而已。

只是因為寫了好幾本考古題，所以本人便認定自己嘗試了各種不同的方法。

在經營補習班的時代，我每天都可以看到這種宛如笑話般的實際案例。

在來參加我的研修或演講的人，還有閱讀本書的讀者當中，④和⑤的想法較為強烈的人應該不會太多（理由將在後面加以陳述）。

可是，請不要因此就感到安心。

因為當朋友或兄弟姊妹等熟悉的人當中，有這種想法較為強烈的人時，在提出大家都知道的選項建議時，會希望積極給予支持。

尤其是⑤的想法較為強烈的人，必須特別注意。

為什麼呢？因為⑤的想法較為強烈的人，除了選項特別少之外，對於問題或考驗的解釋幅度也非常狹窄，會企圖用結束生命等較為極端的方式來突破難關。

當然，「⑤的想法較為強烈的人，最終會以自殺方式來解決事情」，這種想法便是在妄下結論。不過，在①～⑦的想法當中，企圖用極端方式來解決問題的人，確實是以⑤的想法所占比例最高。

當我們開始產生想提供協助、幫助別人的念頭時，身體裡名為催產素（oxytocin）的荷爾蒙分泌量就會增加。

這種催產素又被稱為「幸福荷爾蒙」。催產素具有抗壓力與抗不安的作用，是可以給我們帶來幸福感受的荷爾蒙。

有助人精神的人加惠給許多好朋友；而在幫助人的同時，也可以得到某種安心感。

像這種企圖開始幫助人的行為，可以讓你的恢復力瞬間攀升。

為了增加思考的選項，你可以做些什麼？

首先，如何增加④和⑤通用的選項呢？先來介紹行動方面的改善方法。

尤其在經驗較淺的領域裡，就算企圖增加選項，再怎麼想破頭，也未必能簡單想出全新的想法。還是得多研讀該領域的專家所撰寫的書籍或報導。

前面提到，「在來參加我的研修或演講的人，還有閱讀本書的讀者當中，④和⑤的想法較為強烈的人應該不會太多」。原因就在於這裡，因為大家基本上都有為了增加④和⑤而採取行動的習慣。

如果可能，強烈建議試著直接和專家面對面晤談。而且，不要只限於一兩個，而是越多越好。

雙親、祖父母、堂兄弟、父母的同事、學校或補習班的老師或學長姊、朋友的兄弟姊妹等等，只要願意，仔細從中尋找，就會意外發現其實身邊就有好幾位專家。

傾聽那些人的言論，確實擴大自己的思維。重點是，可以受到鼓舞（受到感化、鼓勵、正面的刺激），湧現滿滿的衝勁。

在為了取得資格或考試的學習，或是運動相關的領域，有人指正你的壞習慣，是相當重要的。因此，接受被稱為專家的人的直接指導，才是通往達人的捷徑。

閱讀無法自行挑選資訊的報紙也相當有效。網路媒體等可以自行挑選的新聞資訊，往往會有知識的偏頗。雖然閱讀自己毫無興趣的相關報導，是非常痛苦的事，但每次只要一點就夠了，請務必嘗試。或許可以從意料之外的領域，得到意想不到的嶄新靈感或啟發。

另外，如果正值時間充裕的年輕時期，建議可以投入過去一直逃避的全新領域，以及全新的人際關係。

每個人都會有喜歡或討厭的領域。可是，從那裡所獲得的全新想法（觀點）和人際關係，將會成為你一生的財產，可謂相當珍貴。

艾利斯的ＡＢＣＤＥ理論

接著，同樣是增加④和⑤通用選項的方法，這裡要介紹的是有關改善思考的方法。

那就是艾利斯的ＡＢＣＤＥ理論。其實是艾利斯ＡＢＣ理論的續集。

這個ＡＢＣＤＥ理論是本節的基礎，對①～⑦的所有想法都可發揮效果，其中尤其對④和⑤的想法最為有效。

首先，先從以Ｄ和Ｅ為開頭的英語單字開始說明。「Ｄ」是Dispute的字首，直譯的意思是「爭論」，這裡是指對自己的想法（Ｂ）「提出質疑」。

「Ｅ」是Effect的字首，代表「效果」的意思。

Ｄ和Ｅ的關係就像這樣。

對自己對事物的解讀（Ｂ）提出「真的是那樣嗎？」的質疑，和自己進行冷靜的對談。

就這一點來說，Ｄ也可以說是「Dialogue」（對話）的Ｄ。透過這種方式獲取新的觀點（想法或解讀）或是選項吧！如此就能帶來正面的情緒或行動（Ｅ：效果）。

介紹一下在進行人際關係相關諮詢時，經常碰到的實際案例。這是個對「Ｙ＝Ｚ」這種制式化（公式化）提出質疑的案例。

・兄弟姊妹當中，只有我老是被父母斥責

A：Affairs（事件）
B：Belief（對事件的解讀）
C：Consequence（結果）
D：Dispute（對自己的想法〔B〕提出質疑）
E：Effect（效果）

・為什麼導師在班上特別喜歡找我麻煩
・在社團裡，老師、學長對我的指導特別嚴格

「挨罵、被找麻煩的機會特別多＝我被那些人討厭」。

這是我們常常陷入的思考模式。這種思考模式越強烈，不是會讓心情變得更加沮喪，就是會對某人產生懷恨之心，需要很長的一段時間才能振作起來。

由於我本身也是個輔導員，所以在D的階段，為了幫助學生增加想法的選項，我會拋出下列的質疑：

「你真的被討厭嗎？你覺得當人相當討厭某人的時候，會採取什麼對應呢？」

答案很明顯吧！答案就是「完全無視」。

就像德蕾莎修女（Mother Teresa）曾說的：「愛的相反詞不是恨，而是冷漠。」

之所以挨罵、被找麻煩、被嚴格對待，顯然是愛情與期待的另一面。再次複習一下，這正是所謂的「肯定性意圖」。

如果可以這麼想，心情應該會變得相當愉快。當然，恢復力也會提高，所以就能更早從中振作。

⑥ 劣等比較

比較時會有兩種對象。

一種是和比自己差的人比較，另一種則是和比自己優秀的人比較。

前者，喜歡和比自己差的人比較的人，會沉浸在優越感裡面，只要對方比自己差，自己就會覺得安心，其實這是為了把自己的不努力合理化所採取的手段。

坦白說，這種人應該都過著與壓力或恢復力沾不上邊的生活吧！或許煩惱比較少，但也可說是毫無成長的人生吧！因為沒有絲毫充實感，所以絕對稱不上幸福。

後者則會和比自己優秀的人比較，因此恢復力有問題。

我把它定義為「劣等比較」。

嚴格來說，這種「劣等比較」並不是和比自己優秀的人比較，或許應該說是，只看某人「局部的優秀之處」，然後再進一步與之比較的習慣。

看似人生勝利組的藝人或名人，其實在不為人知的私人領域裡面，也可能因為家族問題或是本人罹患憂鬱症等健康方面的嚴重問題，而長年飽受痛苦，這些話題大家應該也都時有所聞。

同時，大家應該也聽說過，在所謂成功者或有錢人當中，因為「害怕失去」，不但無法感到幸福，反而強烈感覺不幸者意外地多呢。

像這種沒有顯露於外，潛藏在背後，只有本人才知道的內情，外人往往無法得知。

儘管如此，在看到某人的某一面之後，還是會產生羨慕或嫉妒之情，那是因為我們自己本身也並不完美。

如果沒有名為「自我軸」（關於自我軸，將在稍後詳細說明）的個人價值標準，這個想法就會變得強烈。和其他人比較之後，就會逐漸注意到自己所「欠缺」或「不足」的地方。

在學校成績優良或運動、藝術表現優異的人，也就是所謂的資優生身上，經常可以看到「劣等比較」的想法。那些人通常都是隨時探求自己所「欠缺」或「不足」的部分，並且為了彌補那些不足而持續努力，飢餓精神旺盛的人。

為了成果而不厭其煩地挑戰、持續保有永無止盡的探求心、力爭上游的鬥志，都是這些想法強烈的人們身上可以看到的特徵。

可是，關鍵的問題是這種人凡事總是貪得無厭，總是不斷把「焦慮」、「嫉妒」、「危機感」之類的負面情緒當成能量來源。

有時候，強迫自己背水一戰，做好心理準備，用盡全力努力，是非常重要的事情。可是，如果隨時隨地都保持這種狀態，會讓自己疲累不堪。

如果被這種想法支配，恐怕會毫無限制地逼迫自己，過著不知何時會停下腳步，宛如老鼠滾輪般的生活。所謂的老鼠滾輪是指老鼠在滾動的輪子中持續奔跑的狀態。

凡事都得第一、所有事情都做到極致完美是不可能的。

如果持續過著老鼠滾輪般的人生，總有一天一定會對自己的人生抱持著疑問，心想「自己終日忙碌到底是為了什麼」，頓時感到空虛。

失去的也很多，等到驚覺自己應該把時間和心力花在更重要的人或事物上的時候，早已為時已晚，後悔莫及了。

在別人看來，明明擁有令人生羨的才能或是能力，本人卻毫無察覺，也有很多人總有著莫名的孤獨感和複雜心情，這些是這種想法強烈的人的特徵。

和②的二分化思考相同，儘管外表看似剛毅堅強，卻出乎意料地容易受傷，也是這種類型的特徵。

所謂宛如超級巨星般的人，有時也會有令人無法置信的挫折，令人驚嘆「沒想到那個人居然會這樣！」這種類型的人經常發生類似情況。

如果大家覺得自己是這種「劣等比較」想法較為強烈的人，就試著冷靜且客觀地重新檢視自己吧！

然後，問自己：「對自己來說，最幸運的是什麼？」

光是養成這個習慣，就可以把「安心感」、「知足感」、「滿足心情」等正面的情緒當作能量的來源。

除此之外，還有一些改變這種想法的方法，那個方法與下一節的內容共通，所以稍後將一併說明。

⑦全盤接受他人的評論

跟大家講一個《伊索寓言》裡〈父子騎驢〉的故事。

以前，在某個國家，有對父子牽著一頭驢，走在街道上。

看到那個情景的路人紛紛竊竊私語。

「他們好奇怪喔！明明有一頭驢卻不騎，用牽的，真是浪費。」

父親心想言之有理，便讓兒子騎到驢背上。

過沒多久，碰到一對老夫婦，他們說：

「身強體壯的年輕人輕鬆騎驢，卻讓老父親用走的，太不孝了吧？」

這時，父親又覺得他們說得也對，於是換父親騎到驢背上，讓兒子牽著驢走。

結果，一個牽著小孩的母親走過來說：

「居然讓孩子用走的，真過分。」

於是，父子兩個人一起騎上驢背。

走了一段路後，一名中年男子靠過來說：

「這頭驢未免太可憐了吧！應該好好愛惜小動物才對。」

最後，父子倆把驢子的雙腳綁起來，吊掛在一根木棒上，一起扛著驢子走。倒吊著的驢子應該感到很痛苦吧？終於，就在父子倆準備走過橫跨在大河上的橋樑時，驢子突然開始暴動。

結果，木棒折斷了，驢子摔到橋下溺死了。

所謂「全盤接受他人的評論」，就是指這對父子這樣的人。

基本上，就是把自己的事放到檯面上，任由旁人評論。那些評論各式各樣，有善意的建議，也有惡意的批評。

我們心中的恐懼或天真，往往會蒙蔽自己的雙眼，覺得旁人的目光通常比較銳利，而且正確。因此，從旁人那裡得到的評價多半比較客觀。

旁人的評價越是正確，就越是忠言逆耳。雖然有時也會有很難接納的情況，不過，在嚴厲的背後，卻也有很多被講了之後才察覺到的事情。因此，為了自我改善，值得採納的評價就應該積極採納。

在另一方面，應該充耳不聞的，就不要放在心上。

每個人的觀點各不相同，有正反兩面的評價也是不爭的事實，所以是否能夠從中取得平衡，對恢復力的強化來說很重要。

可是，實際上大部分的人對其他人的評價，都會做出相當極端的反應，很少有人能夠從中取得理想性的平衡。

在社會上，也有完全不採納他人評價的人。這類人完全沒有靠自我改善來提升自己的想法，完全屬於將錯就錯的那種類型，所以和壓力或恢復力完全沾不上邊。

但另一方面，如果像《伊索寓言》裡的父子那樣，全面接納所有外來的評價，就可能會失去自我。

再重申一次，對於他人的評價或是忠告，應該採取聰明的取捨選擇，然後將其作為自我改善的參考，這才是最重要的。

⑥和⑦的共通點

⑥和⑦的想法較為強烈的人，因為無法確立自我價值標準或行動方針的「自我軸」，

經常被周遭的人所誤導。

其實，位居管理階層的四〇年代或五〇年代的職場人士當中，也有很多人無法確立自我軸。

最近，經常聽到遭嘲笑為社畜*的人提出反駁：「就算沒有自我軸，我們還是可以正常的生活啊……」

沒有自我軸的最大弊端，就是活在別人的人生裡。

大家不覺得這是最可怕的嗎？

那麼，「自我軸」究竟是什麼？

我把自我軸定義為「自我軸＝人生目的＋心理需求」。

「人生目的」和「心理需求」。

我把能夠掌握這兩者的人，稱為確立自我軸的人。

*社畜：日本企業底層上班族的自嘲用語，意思為「公司的牲畜」，用來自我揶揄或嘲笑他人為了企業，放棄身為人類的尊嚴，賣力地為企業效勞，同樣適用於打工族以及實習老師。

目的與目標不同

這裡先來定義目的這個詞語，因為很多人都把目的和目標混為一談。

所謂的目的，就是英語的「goal」（終點）。

人生的目的就是「人生的終點」，比如「人生的晚年，希望過這樣的生活」或是「這輩子希望做這樣的事情」等感覺。

・想擁有不後悔的人生
・希望過著眾人圍繞在身邊的開心生活
・希望專注於某個擅長領域，成為被讚譽是權威的人物

因為只是一種形象，所以感覺會有點曖昧、抽象。

這個雖然和接下來的「心理需求」息息相關，但它不需要思考實現的可能性，或是根據等問題。

相對之下，所謂的目標，英語翻譯為「objective」。

抵達終點之前，必須經過相當漫長的道路。

所謂的目標是指：設定在那條漫長道路上的好幾個通過點，又稱為里程碑。

- 高中畢業後，考上W大學
- 進入大學後，加強英語能力，多益（TOEIC）考取八六〇分以上
- 畢業後，就職顧問業界
- 就業後，在五年內取得三個以上中小企業診斷師等資歷提升所需的資格
- 十年獨立門戶，設立自己的公司

所謂的目標就像這樣，內容包含數值、期限、專有名詞在內，相當的具體。

設定的順序也很重要

雖說人生的目的就位於目標的延長線上，但是，優先決定的卻是「人生目的」。先決定好目的，再開始依序設定目標。如此一來，就可以減少抵達終點之前的徒勞往返。

最後再了解現況、分析現狀。

這個順序正好和先了解現況、分析現狀，再來選擇志願學校的流程相反，所以應該有很多人會產生疑問。

為什麼了解和分析現況要擺在最後？因為如果先分析再設定，就會把目的或目標設定在安全範圍內。也就是說，目的或目標會變成低標。這樣會拔掉自我可能性的嫩芽。

我認為人生當中有兩件苦差事。

1. 終點不明確

2. 即便有了終點，卻沒有靠近終點的實際感受

就像是挑戰沒有終點的馬拉松。

明明沒有終點卻持續地跑著，天底下再也沒有比這更乏味、痛苦的事了。完全沒有半點想試著挑戰的衝勁，就算百般不願地開始跑，只要稍微碰到一點意外或障礙，就會立刻放棄。

如果是我的話，我會期望發生一些意外或障礙。因為這樣我就有理由（其實是藉口）可以放棄。

這樣一來，還會想挑戰環繞歐亞大陸一周，總距離長達十萬七千八百公里的馬拉松大賽嗎？

當然完全沒有半點衝勁，就算真的跨出了第一步，也完全沒有接近終點的實際感受，所以很快就會感到筋疲力竭。

可是，如果中途有可以令自己開心，或是產生成就感的里程碑（目標），就有可能堅持到最後吧？

透過以上的說明，希望能讓大家了解目的和目標的設定，以及設定順序的重要性。

也有人認為設定目標沒有意義

在研修或演講時，只要談到這一類的話題，會有人提出反駁：「設定目的或目標根本毫無意義。」

詢問他們理由，得到的答案是：「因為根本不知道未來會發生什麼事。」

就是因為不知道未來會發生什麼事，才需要目的和目標。

或許有點危言聳聽，不過，隨著年齡的增長，為突發意外所苦的機會也會增加，事情照著計畫順利發展的情況會越變越少。

〈前言〉也曾提到，邁入像我這個年紀的人生第二危機後，意外根本就是家常便飯。明明是自己的人生，卻很難照自己的心意自由操控。

如果沒有目的或目標，那些被稱為外患的突發事件就會持續翻攪我們的人生。

可是，如果有目的或目標，就算有那些外患的干擾，我們還是能夠在某一刻，依循自己的目的或目標，修正人生軌道。

當然，或許無法以最短的距離筆直前進。但我們至少可以在修正軌道之後，慢慢地重新思考，一點一滴地朝終點邁進。

什麼是心理需求？

所謂的「心理需求」是指自己真心去追求的事物，而不是表面功夫。

說得更直白點，就是在做某件事情的時候，或是什麼樣的時刻，可以得到喜悅或是充實感、感到滿足或是幸福？答案便是「心理需求」。

所以「心理需求」和「人生目的」的向量是一致的。

- 希望對人的成長有所貢獻
- 希望成為弱者的支柱
- 希望表現自我
- 希望被開心包圍
- 希望惹人疼愛
- 希望受人矚目（被許多人關注）

認真探求「心理需求」後會發現，「心理需求」並非全都是些美好的事物，就像後半段所列舉的，有時也會有「不良動機」的壞心眼。

我們說「不是表面功夫」，就是這個意思。包含這個在內，才是完整的「心理需求」。「自己的真心」這個部分也是重點，並非是「他人的真心」。

說得更具體一點，就是令自己開心的事情，而不是讓父母或戀人開心的事情。這樣才有活在自己的人生的感受。

心理需求得到滿足的狀態，如果說得誇張點，就是自己的靈魂欣喜莫名的狀態。只要心理需求獲得滿足，就算有些許辛苦，還是可以毫不氣餒地忍耐，持續地努力。

自我軸確立後的附加產物

自我軸（「人生目的」和「心理需求」）確立之後，就會清楚知道現在的自己還沒有走到終點，心靈被毫無意義的比較奪走的情況就會減少。也就是說，就會從「劣等比較」中獲得解放。

結果，因焦慮、煩躁或無力感所苦的情況減少，就可以專注在當下真正重要的事情上面。

另外，即便碰到經濟不太寬裕的時期，或是懷才不遇的時候，還是可以堅強的積極解決問題。

確立自我軸（人生目的＋心理需求），對於四十頁「提高恢復力可得到的大量附加產物」中所介紹的「意志力」（grit），也具有強化的正面影響。

另外，只要自我軸變得明確，就能夠更有智慧地從眾多的他人評論中，分辨哪些值得參考，那些應該充耳不聞。

存在於①～⑦基底的共通想法

最後介紹存在於①～⑦基底的共通想法，作為本章的「總結」。

那就是「完美主義」的想法。

「咦？什麼意思？」或許有人感到疑問。

「完美主義不好嗎？」應該也有人會這麼認為。

閱讀這本書的各位，應該多半都是好奇心旺盛，在別人眼中「吃苦耐勞的人」。所以就算平常沒有注意到，但只要仔細觀察，應該可以在各位的內心找到完美主義的想法。

完美主義的人是：常以完美為目標，為了最完美的完成度而持續努力的出色人物。

可是，在祈求成功的另一面，卻也經常害怕失敗。

完美主義是成長過程不可或缺的想法。可是，如果對失敗這樣的負面情況過分敏感，就會對挑戰精神造成負面影響，可說是「兩面刃」。

完美主義者不喜歡事情不如計畫那樣進展順暢。因此，往往會把注意力放在妨礙事情順利發展的事故、意外、延滯、失誤等負面的部分，由此牽扯出「①擴大解釋否定」這樣的想法。

另外，完美主義者往往會以短期的觀點，去解讀事件是否「成功（勝利）」或「失敗（落敗）」。這樣就會產生「②二分化思考」，減少從失敗或落敗中學習的機會。

對完美主義者來說，事情的發展一定要順利，成功是理所當然的。或許也有人認為必須毫不懈怠，持續不斷地成功才行。這就是③的「當然」、「應該」、「必須」的思考。

然後，完美主義者會以「失敗＝絕對不允許」或「失敗＝惡或恥」這種④過於制式化的想法去解讀事件。甚至更有人偏激地認為「失敗就該死」，光是考試失敗，就對未來充滿悲觀而自殺，也大有人在。這正是「⑤妄下結論」的最佳範例。

完美主義的人就算成功，或是實現什麼豐功偉業，仍然無法滿足。因為人外有人、天外有天。於是就會告誡自己，絕對不能因為這樣就感到滿足。這就是「⑥劣等比較」

的想法。不管是什麼事情，只要不能成為第一，就絕不善罷干休的想法，會讓自己產生永無止盡的欲望。如果太過火，就會變成老鼠滾輪那樣的苦行僧人生。

完美主義者往往都希望得到所有人的良好評論。因此，有時甚至會為了迎合其他人的意見而違背自己的心意，產生「⑦全盤接受他人的評論」的想法。

完美主義和①～⑦的想法就像是正反兩面，而這些全都是削弱恢復力想法的源頭。

盡力主義的想法

這裡試著體驗一下因為完美主義所引起的恐懼吧！

接下來請試著依照我的說明，想像一下可能發生的情景。

現在，你位於三十層高樓大廈的屋頂。

旁邊有棟高度完全相同的高樓大廈。

在你腳下的大廈屋頂和隔壁大廈的屋頂之間，橫跨著一塊寬二十公分、長十公尺的踏板。

那麼，現在請你踩著那塊踏板，走到隔壁大樓。

當然，一旦失敗就代表死亡，所以必須具備「極致的完美主義」。

你的心情如何？

我本身有嚴重的懼高症，所以光是想像，喉嚨就會發癢，心臟就會撲通撲通狂跳，手心幾乎滲出汗水。

就現實來說，如果碰到這種強人所難的問題，應該沒有人願意跨越那塊踏板吧？

我在前一節曾經說過，完美主義是「兩面刃」。

完美主義就像這樣，同時也具有讓我們退縮、放棄挑戰的一面。

我希望大家可以放棄完美主義。

當然，我並不是建議大家悠閒地過日子，也並非表示「隨心所欲的人生才是最好的」。

我想建議的是從「完美主義」轉變成「盡力主義」。

所謂的盡力主義是：「坦然接受有各種限制的不公平且不合理的現實，在那種狀況下，盡力把事情做到最好」這種現實且合理性的想法。

有人認為盡力主義就是妥協、放棄，或者是完美主義的矮化。

可是，盡力主義是在保留完美主義的優點「經常以完美為目標，隨時注意以最完美的完成度而努力」的同時，又能幫助減輕對現實的不滿，消除對失敗的恐懼心理的想法。

也就是說，完美主義的進階版是盡力主義。

在盡力主義的想法裡，不再把失敗視為恥辱，或是有敗北之類的負面情緒。反而還能把失敗當成學習的機會，成為自我改善的契機。

另外，失敗也是通往成功所不可或缺的要素。

甚至，盡力主義不會為何時開始行動設定條件。

哲學家沙特（Jean-Paul Sartre）留下這樣的一句語錄：「我不會感到悲傷。我會思考現在的狀態下可以做什麼，然後把那件事盡力做到最好。」這也可說是盡力主義者採取行動時的指導方針。

就現實來說，所有條件萬全俱備的情況，可說相當少見。為了避免難得的機會在等待條件齊全的過程中溜走，只要一想到就馬上行動，然後在行動的過程中反覆改善，這便是盡力主義的特徵。

「安穩」和「安心」不同

「挑戰之後，就算失敗也沒關係」，或是「失敗是持續挑戰的過程中，理應會發生的事情」這種「安心感」（這正是盡力主義者的心境）和不挑戰，先暫時觀望（這是完美主義經常深陷的行動模式）所能夠得到的暫時性「安穩」，看似類似，實則完全不同。

請試著想像，把前面提到的，橫跨在兩棟三十層樓大廈之間的踏板換成地面。

這是允許失敗的狀況。

這正是「盡力主義者」的心境。

這樣的狀況應該可以輕鬆地跨越，不會有半點緊張或是退縮，或許還有人會以輕跳的方式跨越。

在這種情況下，失敗的人並不多，不過萬一失敗了，也沒有關係。只要是這種允許失敗的環境，我們就可以安心地挑戰。

即便碰到必須跨越尺寸完全相同，寬二十公分、長十公尺的踏板的行為，也會因為基本的想法而產生截然不同的情緒或行動。

完美主義者過分害怕失敗，不是降低目標，就是放棄挑戰。

另外，只要可確實預見成功的條件沒有齊全，就不會開始行動。這樣一來，有時反而錯失難得的大好機會。

於是多半會不斷後悔，陷入自我厭惡。當然，恢復力也會遭到削弱。

盡力主義者會冷靜地接受現實，即便有無數的限制，仍然會不斷思考其中有什麼是自己可以做的，做出最佳的選擇，然後付諸實行。另外，就算失敗了，也不會負面地看待，因此能夠毫不氣餒，一邊修正軌道，一邊孜孜不倦地持續努力。

抱持著恐懼心或是退縮，不僅無法產生靈活的想法，也將無法採取挑戰的行動。

然而，如果有安心感，不僅會產生想嘗試挑戰的意欲，也能萌生出努力持續的意志。因為行動游刃有餘，所以應該也能發揮原本的實力。

盡力主義所產生的安心感，也會萌生出「想……」這種積極進取的願望。

甚至，安全感是靈活想法的泉源。然後，靈活想法能帶來更多嶄新的選項。

經營學家彼得・杜拉克（Peter Drucker）說過：「越優秀的人，他犯的錯就會越多，因為他總會想嘗試新的事物。」

的確，只要嘗試新的事物，失敗的次數也會增加。可是，只要找到更多的選項，即便這個方法行不通，還是有別的方法可循，應該就可以朝向目標達成，毫不氣餒地持續努力。

在第一章的開頭部分曾經提到：「在面臨某些較大的挑戰時，總是會躊躇不前。這個時候，能夠在背後輕推你一把的也是恢復力。」

安心感會在我們的背後，推我們一把。產生那種安心感，孕育出健全挑戰精神的盡力主義，就是讓恢復力快速提升的想法。

第四章
提高恢復力的心靈處方籤

回顧自己的過去，導致身心靈崩毀的關鍵，其實真的都只是些芝麻綠豆的小事。例如，聽到對自己中傷的留言之類。從這裡便可看出，人類真的是相當脆弱的纖細生物。

冷靜分析後，我發現在構成性格的三要素中，只要有任何一個要素朝負面發展，而且沒有盡早修正的話，就會形成長期一蹶不振的原因。

進一步來看看我現在工作上接觸到的人們。

在經營補習班和擔任升大學中心講師時期，有很多學生和監護人曾經找我諮詢。之後，從事現在的人才培育顧問的諮詢工作，比起過去在補習班或升學中心的時代，諮詢者的年齡層更廣，諮詢內容也變得更加多元。相對地，煩惱諮詢的人數也有所增加。

另外，在寫這本書的時候，我還採訪了許多高中生、大學生、監護人或老師，甚至新進員工。

回顧我本身的體驗，再加上諮詢與採訪各種類型的人的煩惱，讓我察覺一件事。

那就是每個人都有個不分年齡、性別的普遍性煩惱。

這個煩惱幾乎都和「自我控制」（self control）有關，也就是很難做到自律。

許多煩惱都源自於無法自我控制，當理想與現實的差距越大，最終會產生自我厭惡的感覺。

一旦討厭起自己，恢復力便會遭受到致命性的破壞，失去自信。

另外，恢復力這個精神性治療力一旦衰弱，就可能因情況不同，而發展出可說是自暴自棄這種完全無法控制的惡劣狀況。

另一方面，只要能夠解決攸關自我控制的各種問題，便能藉由成功體驗，產生自信和自我肯定感，進一步使恢復力獲得強化。

自信、自我肯定感、恢復力是精神的根基。從根本持續支撐著我們，可說是精神安定上所不可欠缺的。

因此，本章將舉出五個攸關自我控制的代表性問題作為具體範例，同時也將一併解說問題的解決方法。

總之，關鍵就是盡早靠自己的意志，把「思考」或「行動」轉到積極、正面的方向。

可是，正如第二章所介紹的，靠自己的意志改變行動，是相當困難的事情。看似簡單，卻出乎意料地困難。

然後，就像「所有的事都分成兩個階段」所說明的，行動的出發點是思考。果然還是要以「思考」的作用為優先。透過「全新知識的吸收」、「解釋的變更」、「不同以往的解讀方法」，增加你的觀點和想法吧！

另外，還要確實理解理論性的部分，這也會作用於「思考」，是相當重要的事情。然後，包含應該如何改變行動在內，本章節將會介紹解決常見問題或煩惱的方法。

案例① 想東想西，無法活在當下的A先生

症狀：總是瞻「前（未來）」顧「後（過去）」或是「左右（他人）」矛盾，也就是內心充滿著「不安」、「後悔」或「比較」，沒辦法活在「當下」。

明明交了新的女朋友，卻老是想著前女友；不然就是在上課時想東想西，因為經常處於心不在焉的狀態，所以欠缺專注力，不管做任何事都會分心，也經常出錯。

多工處理會破壞大腦

大家聽過多工處理（multitasking）這個名詞嗎？

所謂的多工處理就是同一時間做很多件事情，也就是所謂的「一心多用」。

例如，「一邊滑手機，一邊上課」、「一邊和某人說話，一邊用單手寫作業或報告」之類的行為。

或許有些人在同時處理多件事情的時候，會感到心情相當爽快，覺得自己是個相當能幹的人，有時甚至還會陶醉在忙碌氛圍裡面。

然而，腦部的結構本來就沒辦法讓我們同時專注在多件事情上頭。

這是腦部科學領域中被稱為「雙重任務干擾」（dual task interference）的現象，如果同時處理兩件事，結果反而會花費更多時間，同時失誤的情況也會增加。

也就是說，多工處理的行為，感覺上似乎是節省時間，但實際上卻是在浪費時間。

多工處理的弊害並不光只有浪費時間。多工處理的情況如果長時間持續，腦部的認知功能就會下降。

這種多工處理的情況一旦趨於常態，原本只能處理一件事情的大腦，就會隨時處於「爆滿的狀態」。結果，皮質醇（壓力荷爾蒙的一種）的數值就會升高。

如此一來，不僅免疫力會下降，也會讓腦部裡名為海馬迴（hippocampus）的部分萎縮，導致記憶力衰退。

如果不管做什麼事情，老是心不在焉，想著其他事情的話，當然腦中就會呈現與多工處理相同的狀態。

因此，在案例①登場的 A 先生的腦部，可說是處於慢性多工處理的狀態。

A先生的症狀正是無法得到好成果的人的典型代表

不管是我在補習班或升學中心教書的時候，或是從事現在的員工研修的時候，無法得到好成果的人，其主要特徵都跟 A 先生一樣，同樣是心不在焉的人。

A 先生類型的人雖然身體在現場，但是他們的意識往往會飄到其他地方。

在補習班或升學中心時代，我光是觀察學生們的言行舉止，便可以馬上看出「這個人是屬於 A 先生類型的人」。

他們總是坐立不安，無法冷靜，上課時也總是會像下列這樣喋喋不休。

「對了，今天〇〇老師真的超好笑的。」（過去）

「喂，等一下補習班結束後，先去 7-11 集合喔！」（未來）

「話說回來，〇〇同學上次的模擬考，好像又考到全年級的第一名耶！」（比較）

先不論皮質醇使腦部的海馬迴萎縮，導致記憶力衰退的問題，光是沒有專心上課，當然就沒辦法吸收到任何知識。

其實長大成人之後，還是有很多人都有多工處理的毛病，這樣的人會在討論重要工作的時候思考別的事情，所以就算做了筆記，還是會忘記筆記寫在什麼地方。

最後，不是為了找筆記而花費更多的精力和時間（當然也會產生焦慮，因此精神方面也會感到疲憊），就是必須找當事人再次確認，結果反而工作更多。

如果只是這樣倒也還好，最糟的是忘記做筆記，或是忘記檢討時所做的承諾。

這是相當致命性的疏失，因為會使自己失去對方的信任。

老是沒在期限內完成交辦事項、粗心失誤或遺漏情況頻繁、轉身就忘記約定的慣犯，應該沒有人願意和這樣的人來往吧？

多工處理形成常態，總是「很忙、很忙的人」，可說是典型的自取滅亡類型。不管是正在上課，還是和朋友講話，總是經常腦袋放空，等回過神時，已經在想其他事情，你是否有過這樣的情況呢？

如果你的身體裡也有 A 先生的存在，必須盡快處理才行。

名為正念的處方籤

對思考和行動雙管齊下，有效治療 A 先生症狀的方法就是正念（mindfulness）。正念這兩個字，幾乎大家都是第一次聽到。

澈底排除「一心兩用」，把所有精神全部集中在當前行為的狀態，就稱為「正念的狀態」，也有人把正念稱為內觀。

實行正念就是透過某種方法（後述），營造出這種內觀的狀態。

美國是正念的起源地，當地有許多高升學率的學校，會積極規畫正念的課程。同時，Google、Apple、P&G、Intel、Facebook、NIKE等知名企業，也會在員工研修中安排正念課。尤其是員工研修，正念課更以幾乎讓人等上數個月的超人氣講座而聞名。

另外，已故的史蒂夫．賈伯斯（Steve Jobs）等美國知名企業家、女神卡卡（Lady Gaga）、米蘭達．寇兒（Miranda Kerr）等藝人或模特兒、諾瓦克．喬科維奇（Novak Djokovic）或老虎伍茲（Tiger Woods）等運動員也都有參與正念的實踐。

甚至，美國心理學會更建議把正念當成壓力釋放的基礎。

不過，正念的實踐尚未在日本國內普及，主要是因為正念實踐的手法。因為正念主要是採用冥想的手法。在日本，說到冥想，大部分的人都會聯想到教會或是新興宗教、邪教等奇怪的組織。

目前日本處於光是說到冥想，就會出現排斥反應、敬而遠之的狀況。

可是，冥想簡單來說就是呼吸法，完全不是什麼詭異的手法。

為什麼呼吸法能帶給心理好的影響？

自律神經這個名詞，大家應該都曾經聽過。

聽到自律神經，也有人會馬上聯想到名為自律神經失調的疾病吧？

所謂的自律神經是，即便處於睡眠期間，仍然會控制身體裡的循環系統、呼吸系統、消化系統、排汗或體溫調節、內分泌功能等，以維持我們生命的重要神經系統。

為了維持生命這個重要的功能，自律神經具有非意識的自動且持續作用的優點。

但相對地，也有缺點存在。

就是無法靠我們的意志加以控制。

例如，在進行某些重要發表之前，我們沒辦法靠自己的意志力，安撫緊張得撲通撲通跳的心臟。另外，也有人一緊張就會拉肚子。這個時候，我們也沒辦法靠自己的意志力抑制腸道的活動。

可是，在我們維持生命的身體活動當中，卻有一個能靠意志控制，那就是呼吸。

自律神經是由交感神經和副交感神經，兩種神經所構成。

緊張或感到壓力的時候，交感神經會變得活躍。然後，放鬆的時候，則是副交感神經變得活躍。

俗語說「失去自我的狀態」，就是指交感神經居於優勢的狀態。如果可以靠自己的意志，讓副交感神經變得活躍，就可以刻意營造出能夠冷靜應對的狀態。

而那個方法就是呼吸法。

其實呼吸和自律神經是連動的，吸氣時，交感神經會變得活躍；吐氣時，則是副交感神經變得活躍。

吸氣短，吐氣長的呼吸法，可以讓副交感神經變得活躍，具有找回冷靜等放鬆心情的效果，這點經過醫學證實。

另外，腦部科學也證實了冥想的效果，冥想後，名為「血清素」（serotonin）的腦內荷爾蒙的分泌量就會增加。

血清素對專注力等人類的精神層面有極大的影響，同時也與睡眠品質、精神安定等層面有關，所以和介紹的催產素併稱為「幸福荷爾蒙」。

以前碰到某些令人「大吃一驚」或「震驚不已」的重大事件時，人們總說，最重要

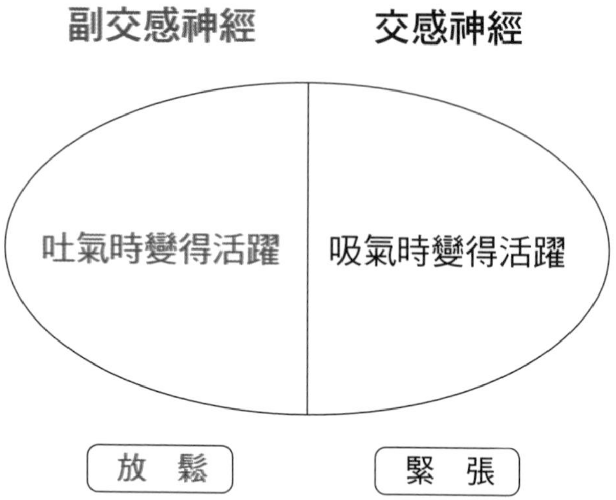

自律神經的構成

的是先暫時擺脫那些狀況，重新調整呼吸，再回頭去了解情況。

我想以前的人肯定從經驗中實際感受到效果。現在不光是過去的經驗法則，在醫學方面也已經得到了證實。

像這樣用理論去理解呼吸法的效果，也是一種思考方式。

呼吸法的具體內容與其他效果

正念起源於佛教，所以呼吸法要排除佛教坐禪等宗教相關的要素。

最簡單的方法是輕鬆坐在椅子上，首先專注於呼吸，從鼻子吸氣，然後從嘴巴吐氣。

以一：二為標準，基本上是吸氣短、吐氣長。

以閉上眼睛的方式為佳，不過，如果會感覺不安的話，就算睜開眼睛也沒關係。

專注於呼吸，以一：二的方式持續呼吸。

等到習慣這個呼吸節奏後，接下來一邊持續一：二的呼吸，一邊把注意力轉移到「當下的身體感覺」。

如果是聽覺，就把注意力轉移到「風雨聲」、「鳥鳴聲」、「施工聲」、「近處的狗叫聲」等耳邊可以聽見的聲音。

如果是觸覺（肌膚或身體的感覺），就把注意力轉移到「眼角的痙攣」、「臉或頭的搔癢感」、「肩或腰的僵硬感」、「手的溫暖感」等肌膚或身體可以感受到的感覺。

如果是嗅覺，就把注意力轉移到「咖啡的香氣」、「芳香劑的香味」、「排氣管的臭味」等當下可以聞到的氣味。

不管好或壞，都沒有關係。每個季節可以感受到的聲音或身體感受確實各有不同。感受那些變化才是最重要的事情。心無旁騖是最基本的。

可是，剛開始的時候，腦海中肯定會浮現出雜念。

「啊，忘了回覆○○的電子郵件。」

「這樣做根本沒什麼用，真是無聊！」

「這種做法真的對恢復力有效果嗎？」之類的想法。

「真是愚蠢，突然覺得超不爽。」

「什麼都不做，只專注於呼吸，感覺出乎意料地舒服」之類的情緒。

如果浮現出這樣的想法或情緒，請正視那些想法或情緒，不要予以否定。像是「啊啊，原來我現在在想這種事！」或是「原來我抱持著這樣的情緒！」這樣的感覺。

就像眺望白雲那樣，客觀看待自己的思考或情緒。如此等待著那個思考或情緒的自然釋放。等到雜念完全消失之後，再次回到當下的身體感受。

或許大家會覺得意外，其實正念的目的並不是放鬆（雖然確實可以達到放鬆的效果，可是，那並不是最終的目的）。

把專注力轉移到當下，感受當下的自己，這才是真正的目的。

所以，就像前面所陳述的，身體的感覺不管是好、是壞都沒有關係。

尤其是感受「當下的情緒」最為重要。

就像本書再三重申的，我們沒辦法控制情緒（自由地控制情緒，依照自己的意思，把情緒轉變成其他情緒），可是，我們可以緩和情緒。

例如，感到恐慌而心煩意亂的人，或是憤怒發狂的人，是否能夠察覺到現在的自己正處於那樣的狀態？

當然沒辦法。該怎麼說呢，如果能夠察覺，應該就不會心煩意亂或是憤怒發狂了！

也就是說，只要可以有所察覺（或是不小心察覺到），或許多少可以從失去自我的狀態中找回一點冷靜。

我們的注意力多半都放在過去或是未來，很少會去注意當下的這個瞬間。把一天當中的數個瞬間化成「清醒（可把專注力放在「眼前」）」的瞬間，便是正念的最終目的。

這種呼吸法的理想時間是十到十五分鐘，不過，就算只有二到三分鐘也沒有關係。長度不是問題，重要的是持續養成習慣。如果可以，請一天實踐數次。

為什麼不光是學校，就連企業研修都會導入正念課，甚至當紅的藝人或名模、運動員也都積極參與？原因是真的相當有效。

首先在前面說明過的心理層面方面，正念具有減輕壓力、消除不安感、增加幸福感、帶來振作心情、穩定精神等效果。

在學習方面則有提高專注力、記憶力、想像力和創造力的效果。

甚至，在溝通方面還有增加同理心，以及對他人的體諒等效果。

案例② 被害者意識強烈的B小姐

症狀：認為自己的人生受他人或環境左右，自己完全無能為力。最近更達到放棄的境地，對任何事都毫無力氣。

何謂被害者意識的被害者？

首先，先來定義所謂的被害者吧！

這裡所謂的被害者，並不是指實際遭受到什麼危害的人。

情況。

本書所定義的「被害者」，是把發生在自己身上的所有壞事，全部怪到其他人身上的

・我之所以會變成這種個性，全都是因為父母的教育方法錯誤。

・我的成績之所以不會進步，全都是因為日本的教育體制太糟，還有老師的教學方式太爛。

・我之所以求職不順，都是因為面試官沒眼光、景氣不好，再加上日本政府毫無作為。

我沒有錯，錯的是「〇〇」，就像這樣，把所有造成負面事件的原因，全部怪罪到其他人或事物上頭，這種人就是「被害者意識強烈的人」。

被害者意識強烈的人認為：「自己的人生完全被其他人或環境所支配。」所以總是隨時抱持著無力感。對所有事物感到消極，甚至有人還沒開始做就先放棄。依賴性強，也有人把專注力放在討某人歡心上面。

另外，也有人因為自己的能力不足，反而逕自攻擊他人或是批判制度。把自己的不

順遂，全都怪到毫無關係的他人身上，逕自怨恨那個人，做出在對方的社群網路上惡意留言等實際的報復行為，這些都是常見的案例。

對他人或景氣、制度等自己能力不及（無法靠自己的能力改變）的人或事物感到不滿的人，或許內心某處就有被害者意識正在萌芽。

為了照自己的心願，活出自己的人生，就算只有感受到一點點被害者意識也一樣，還是趁現在盡早處理吧！

人生的天動說和地動說

與被害者相反的意識，當然就是最佳的解決方案。

可是，本書並不是把「實際遭受某種損害的人」定義為被害者，所以「被害者」的相反詞並不是「加害者」。

那麼，在本書裡面，「被害者」的相反詞是什麼呢？

本書把被害者的相反詞定義為「主宰者」、「選擇者」和「責任者」。

所謂的主宰者是指，擁有「自己的人生自己做主」的這種主宰想法的人。被害者意識強烈的人用天動說來解讀人生，所以認為自己會受到其他人事物影響。

事實上，我們從小就十分相信這種天動說。為什麼呢？因為我們小時候的人生，因為父母或與生俱來的環境而深受影響，這種影響有好也有壞。

因此，小時候我們必須一邊觀察父母或身邊的大人們的臉色，一邊想辦法討大人們的歡心。因為年級還小，沒有足夠的生活知識，對凡事總是無能為力，所以只能仰賴父母等身邊的大人，這是為了生存而迫於無奈的事實。

可是，隨著長大成人之後，如果不改變這種生存方式，自己的人生就會變成以父母為尊的人生。

在從事諮詢工作的時候，我也曾經碰過許多類似的案例。持續遵從父母（持續被父母所支配），過著討父母歡心的人生的人，從自我覺醒的瞬間開始對自己的人生產生懷疑，因為理想的自己和現實的自己有所落差而苦惱，在年歲增長而無法從頭開始的時刻，對父母產生怨恨。

主宰者意識較強烈的人，會以地動說解讀人生。

相信地動說的人認為，只要自己採取行動，就可以改變他人或狀況。這種人擁有「與其抱怨黑暗或不平，不如主動點上亮光」的精神。

主宰者意識強烈的人，不管碰到好的結果，還是壞的結果，都會認為那是自己的行動所造成的結果。

可是，這裡值得注意的部分是，當出現壞結果的時候，並不建議貶低自己，或認為是自己的錯而責怪自己。這樣就跟自我否定沒兩樣，反而會削弱恢復力。

如果碰到出乎自己預料的結果，請不要把過錯怪在他人或環境上頭，如果原因在於自己的話，就請想想原因是什麼。然後，針對找出的答案努力改善，那才是最重要的。

只要擁有主宰者意識，並持續肯定自己的言行舉止，就能對自己身邊的人們或環境帶來肯定性的影響。

雖然無法改變過去、他人和社會情勢，但我們可以改變對過去事件的解讀和自己的言行舉止。當然，未來也可以藉由今後的經驗累積，做出些許改變。

只要可以像這樣，抱持著「自己的人生自己做主」的想法，自然就能衍生出具建設性的行動。

哲學家羅素（Bertrand Arthur William Russell）的《幸福論》中提到：「聰明的人不會對可以預防的不幸坐視不管，同時也不會把時間和情緒浪費在無法避免的不幸上。」

主宰者會把意識集中在能夠靠自己的意志改變的思考和行動上，並且傾注全力；另一方面，則不會把精力花費在其他人等無法靠自己的力量改變的事情上。

現在的自己是過去選擇的結果

如果用減肥瘦身或課業學習來比喻的話，應該可以馬上理解，如果目光短淺，老是做出輕鬆的選擇，之後立足於中長期的觀點時，便會相當後悔莫及。另外，如果那個選擇與某人有關，就會對那個人產生強烈的怨恨。

跟大家分享兩個我實際輔導過的案例。

U先生：「其實在學生時代，我很想去留學，可是因為家裡太窮，所以就放棄留學了。結果，現在的我只好從事這種非出於自己意願的工作。」

M小姐：「學生時期談了一場戀愛。我曾認真考慮過和對方結婚，可是卻遭到父母親的強烈反對，結果，我和父母親建議的對象相親結婚。被迫和不喜歡的人結婚，現在的我真的很不幸。」

結果，不管是萬無一失的平順道路，還是順從父母安排的道路，選擇那些道路的人都是自己本身。這就是選擇者的想法。

事實上，即便是三餐不繼的貧困生活，還是有人能夠拼命打工賺錢，買下單程機票，飛到美國成功發跡。

即便遭受父母親的強烈反對，還是有很多人選擇私奔，和心愛的人結婚，過著幸福的生活。這一切都是自己所選擇的。

或許聽起來有些不近人情，但事實上確實是過去選擇的結果，造就了現在的自己。不管怎麼說，做出最終決定的人不是任何人，其實就是你自己本身。

被害者的特徵就是責任轉嫁。另一方面，選擇者要為自己的選擇負責。而「責任者」這個詞語也就是被害者的相反詞。

能夠使人生目的和心理需求明確化，立足於中長期的觀點，選擇符合人生目的和心理需求的選項，然後秉持主宰責任，確實執行該選項的人，就是「主宰者」、「選擇者」、

「責任者」意識強烈的人。

案例③ 受負面情緒左右的C先生

症狀：經常被「不安」、「憤怒」、「嫉妒」等負面情緒左右，有時更會失去冷靜，做出自暴自棄的行為。

因負面情緒獲益的過去

如果可以的話，每個人都應該盡可能避免「悲傷」、「憤怒」之類的負面情緒，如果不慎陷入那種情緒，就應該盡早擺脫那種情緒才對。

話說回來，為什麼我們總是會被負面情緒所支配呢？

負面情緒的反覆出現，有個出乎意料的理由。

小時候我們經常因為負面情緒而獲得利益。正因為有這樣的成功體驗，負面情緒才會反覆發生。

「咦？」如此感到狐疑的人應該很多吧？那麼，就用具體的範例來說明一下。

小時候，每當我們因為悲傷而啜泣時，就算平時不太受到關注，也會在這種時刻受到注意。然後，父母親等身邊的人不是對自己溫柔呵護，就是輕聲安慰，這樣的經驗應該大家都有。

憤怒的時候應該也是相同。當表情或態度明顯表現出憤怒情緒時，身邊的成年人或是朋友，就會顧忌自己的心情，更加親切地對待自己。其中還有人會去探討內情，想辦法消除令自己憤怒的原因。

這種負面情緒和所伴隨的一連串動作（表情或態度），讓自己可以不費吹灰之力，就能隨心所欲地操控大人或朋友，獲得許多心理上或物質上的益處。

這種過去的成功體驗，便是「為什麼負面情緒會屢屢發生」的原因之一。

可是，這種做法在今後也能發揮效果嗎？

請冷靜觀察自己身邊的人。

看到旁邊的人因為一點微不足道的小事而啜泣或是憤怒，把那種情緒顯露於表情或態度的時候，你會如何看待？

講難聽點就是「小孩性情」。簡單來說就是麻煩、難搞的人。周邊的人應該會避而遠之、加以疏遠吧？

負面情緒與正面行動有關

負面情緒的產生往往不合理，所以可說是最麻煩的情緒。

尤其憤怒與嫉妒更是能量相當強大的情緒，所以有時會產生企圖擊倒對象，或是扯對方後腿之類的具體妨礙行為。如果出現暴力等違法的手段，只會損害雙方（實際上損害自己更多）而已。

如果做不到具體的妨礙行為，頂多也只是為了報一箭之仇，而在背後流言中傷，或是暗自詛咒對方失敗罷了。

可是，在大多情況下，對方並不知道你的嫉妒或憎恨。也就是說，不把你當一回事。

這樣不是很蠢嗎？你的心澈底被對方奪走，就認定對方不可能不把你當一回事。

既然沒辦法改變情緒，那麼把負面情緒轉換成能量的話，是很強的，索性來利用負面情緒吧！

例如，如果有不安的負面情緒，不需要抑制那個情緒。為什麼呢？因為就像本書再三重申的，我們沒辦法抑制情緒。既然如此，就應該把它當作應用在正面行動上的能量來源。

具體來說，例如在進行某些發表之前，因為不安而睡不著的話，與其窩在被窩裡苦悶，不如索性不睡。然後，確認發表內容的整體流程，逐一確認各個項目的順序和內容等，做好發表的準備。

教師或管理階層等被稱為指導者的人經常這麼說：「簡報失敗或成果不佳的時候，我們不會多所責怪。可是，當我們發現失敗或完成度過低的原因，明顯是因為準備不足的話，我們就會加以責罵。」

尤其憤怒和嫉妒都具有拖泥帶水的傾向，所以只要把它當成正面行動的能量，就會讓自己的行動更具續航力，世上再也沒有這麼方便的情緒了。

到處散播負面流言、增加你的贊同者，對自己並沒有半點好處。

既然如此，就不要把腦筋花在扯後腿上面，靠自己的努力，讓自己比對方更加優秀，才稱得上是健全的心理。

尤其因嫉妒而衍生出的報復心態，會把思考帶往負面方向，明顯削弱恢復力。

村上龍先生根據高中時代的實際體驗寫了一本自傳小說《*69 sixty nine*》，他在「後記」裡面這麼說：

「就算只是痛毆了他們一頓，結果反而是自己的損失。唯一的報仇方法，應該是活得比他們精彩、快樂。」

讓自己的心被對方奪走，實在是太吃虧了。把意識轉移到正面積極的事物，將能量傾注在那裡，把那些負面情緒更有建設性地運用在更美好的未來上頭吧！

將激烈的憤怒與嫉妒當成實現夢想的動力來源的實例

那已經是十年前的事了，當時，我定期舉辦教練講座，並在講座上公開所有我知道的專業知識。某天，突然有個學生音訊全無，腦海裡的角落突然想起：「對了，最近怎麼都沒有看到他！」

某天，我去書店，居然看到那個人出版的教練相關書籍被排列在新書專區。我馬上拿起來翻閱，結果裡面的內容幾乎都是我在講座上公開的內容。

當下產生的憤怒和嫉妒情緒，幾乎讓我想把那些堆疊的書全部抓起來往地板上砸。不過，在察覺到自己嫉妒心燃燒、憤怒發狂的瞬間，我的情緒才稍微變得冷靜一些。然後，「原來我自己也想出書啊！」這時候，我才突然發現到自己的心理需求。其實過去我完全沒有出書的念頭。每次總是在中途放棄，也是不爭的事實。

結果，他成了讓我突破極限的大恩人。於是我馬上回到家裡，當天就寫信給出版社，為了夢想的實現而採取建設性的行動。

然後，一年後看到自己的書陳列在書店裡，我感動得幾乎雙手顫抖。

或許我沒辦法控訴他違反著作權法。可是，採取這種對自己有利的正面行動，應該遠比為了懲罰他所做出的負面行動，來得更加健全且具有建設性吧！

尤其是嫉妒這樣的情緒，正是讓自己了解自己的真心所求，也就是「心理需求」的最佳線索來源。因為我們不會對自己不感興趣的事物，產生激烈的嫉妒情緒。

如果我當時在書店裡，把他的書砸到地板上，或許只是一瞬間的大快人心。可是，仔細想想，那並不是最佳的做法。反而還得賠錢了事（這樣只是讓他的書更暢銷罷了），嚴重的話，還可能遭受警方處分，對我並沒有任何好處。而且他本人並不會因此而遭受任何損害。

負面情緒所衍生出的強大能量，會因使用方法的不同而變成毒藥或是良藥。既然如此，不如把自己的寶貴時間和能量用在自己身上，而不是白白奉獻給令自己憤怒或嫉妒的對象身上，這樣絕對是最佳的做法。

然後，在不久的將來，當自己的夢想實現時，你對那個人的憤怒或嫉妒，應該會轉變成深深的感謝才對。

案例④　對單調且無聊的事物沒興趣的D先生

症狀：對於看似毫無成果的時間或活動，不善於定義或解讀。在事物的處理上需要花費很多時間，而且專注力和衝勁都無法持續。

空白的拼圖遊戲

說到拼圖遊戲，大多都是以美麗風景為首的各種美麗圖案。

因為有完成圖可以參考，所以過程就會比較容易，同時也能縮短完成的時間。另外，美麗的圖案也有助於動機的維持，能帶來完成時的喜悅。

那麼，問題來了。

眼前準備了一盒拼圖。

打開盒子一看，每一塊拼圖都是一片空白。也就是說，盒子裡面的拼圖是沒有任何圖樣的空白拼圖。你會想試著拼拼看嗎？

就算有再多的空閒，應該還是不會有半點動力吧？

為什麼？

答案是「毫無意義」，或是「毫無價值」。

據說太空飛行員的選拔考試，就是使用這種空白拼圖。那是為了用來考驗太空飛行員絕對必備的忍耐力。

如果你從小的夢想就是成為一名太空飛行員，在有了這種意義的瞬間，你應該就會相當願意拼這個空白拼圖吧？

試著回頭看看讀書、運動的練習、健康的養成和疾病的治療吧！

那些事物的過程就像是空白拼圖一般，既乏味又辛苦。同時也很難實際感受到效果。

而最令人困擾的是，成績的提升、技術的精進、數值的改善，未必和所花費的時間、精力或金錢成正比。依情況的不同，有時明明拚了命地努力，結果卻一點都不理想。

成功背後一定有看似「毫無意義」的單調事物

我們非常討厭把時間耗費在毫無意義的事物上，不過我們的目光短淺，也是事實。

讀書、運動的練習、健康的養成和疾病的治療，如果以中長期的觀點來看待這些事物，這些事物就會變得非常有價值。可是，現實上卻遲遲無法實際感受到效果或進步。

於是，便會陷入此舉毫無意義的錯覺。

「這麼做根本一點意義都沒有，不是嗎？」、「就算做了也沒有用，不是嗎？」在產生這種質疑的瞬間，動機瞬間下滑，自然難以持續。然後就會做出逃避或放棄之類的輕鬆選擇。

在這裡跟大家分享一句我個人相當喜歡的話。

那就是「fruitful monotony」（有成果的單調活動）。

我並不是想說，單調本身具有意義或是價值。可是，在完成某件具有意義的大事的過程中，一定會有某種的單調存在，這也是不爭的事實。

別人的成功看在我們眼裡，總是那麼地耀眼奪目，但其背後卻隱藏著許多不為人知的辛勞努力。

成功、金榜題名、勝利、疾病的痊癒等，這些事物的共通點就是其背後令人難以忍耐的痛苦與單調。換句話說，「fruitful monotony」（有成果的單調活動）的終點就是成功。

儘管如此，情緒上卻不是那麼簡單。

這個時候，請回想一下一百二十二頁曾經介紹的「人生目的」、「作為里程碑的目標」和「心理需求」。然後，仔細確認現在所做的事情是為了什麼，這樣就能為原以為毫無意義的單調作業找出意義。

只要有了意義，我們的動機就能持續得到支持。

如果做出逃避或放棄這種目光短淺的輕鬆選擇，自我厭惡、後悔和自責的念頭，總有一天會朝自己襲來。請隨時立足於中長期的觀點，享受空白拼圖般的當下辛勞。

我敢斷言，「fruitful monotony」（有成果的單調活動）絕對不會背叛我們。如果放棄，後悔莫及的痛苦就會在數年之後侵吞我們。

請回想一下《伊索寓言》的〈螞蟻和蚱蜢的故事〉，那就是個很現實的故事。

同業經常用帶刺的口吻跟我說：

「內田先生總是定期出書，在自我推銷上總是不遺餘力呢！」

搞不好他們以為我有什麼特殊才能，有辦法一夜之間完成初稿，但事實上並沒有他們所想的那麼簡單。

雖然只是一本小小的書，但是集結成冊的過程，就跟空白的拼圖沒兩樣，同樣是持續不斷的單調作業。幾乎令人感到害怕，宛如咀嚼細沙般的乏味作業，持續不斷地堆積到最後，才能形成一本名為書籍的結晶。

一點小技巧就能熬過單調的時期

只要把注意投注在結果的構成要素上，再稍微採取一點小技巧，我們就可以熬過「fruitful monotony」（有成果的單調活動）。

結果的構成要素有三種：

①首先是「好結果」或「壞結果」？

②結果實現之前的過程「長」或「短」？

③得到結果（或是形成那種結果）的「實現性（可能性或危險性）高」或「低」？

問題來了。

什麼樣的組合，才可能會有努力的動力呢？

如果可預見會有好的結果，過程短，可能性高的話，應該會願意努力吧？

順道一提，相反地，如果可預見到會有壞的結果，過程長，危險性又低的話，我們就不會願意去努力。依情況的不同，甚至連努力的企圖心也會消失殆盡。

其實讀書、運動的練習、瘦身之所以困難，也就在這裡。

具體來說明一下。

基本上，父母親、老師常說，如果不好好用功，考試就會不及格或是成績退步，總是一開始就給壞結果的印象。瘦身也一樣，如果老是吃甜食，老是不運動的話，身材就會變得肥胖之類，壞結果的印象。

同時過程相當漫長。以學力測驗來說，過程至少需要一年以上。瘦身也一樣，體重不可能在一、兩天內突然變胖，而是幾乎讓人誤以為可以隨時瘦回來似的，一點一滴地慢慢增加。

就算沒有認真讀書，偶爾也可以瞎貓碰上死耗子，考到好的成績。明明平常沒有用功讀書，卻輕輕鬆鬆考上一流大學，這樣的人也大有人在。瘦身也一樣。明明對方跟你一樣，每天總是毫不在乎地吃下大量地甜食，卻還是可以維持模特兒般的體型，大家身邊應該也有這樣的朋友才對。

事實上，有人就算不用功讀書，成績也不會退步；也有人暴飲暴食，卻未必變胖。

也就是說，危險性很低。

這種「①可預見到壞結果」、「②過程漫長」、「③危險性低」的組合，就是不會促使人努力的組合。

那麼，回到努力的正題吧！

只要可預見到好的結果，過程短，而且實現的可能性比較高，就會讓人產生挑戰的念頭，努力的動機也就可以持續。

那麼，如果以讀書來說，該怎麼下功夫才行呢？

答案就是土法煉鋼，也就是單元小考。在我以老師為對象，進行研修或演講時，我都會請求老師們這麼做。

「千里之行始於足下」，就像這句話所說，透過單元小考的反覆執行，就可以建構出系統化的學力。我敢斷言，這種土法煉鋼法正是提高學力的最有效方法。

這樣做，不光能提高恢復力，同時也能進一步培養「意志力」（grit）。

據說「在大戰役開始之前，靠小戰役贏得勝利，藉此提高我軍士氣的方法，是兵法的基本」。如果把學力測驗當成大戰役，就不能怠忽學力測驗前的小考。

大家恐怕都覺得乏味的小考很討厭，而有所輕忽。但只要像這樣，在邏輯上為小考賦予意義，自然就會改變對小考的看法。

小考的範圍小，不需要什麼動力。不用等待什麼「努力的動力」。就算欠缺動力也沒關係，只要實際去做就可以了。

萬事起頭時，總需要花費些精力，但只要踏出第一步，自然就會慢慢步上軌道。也就是說，只要試著踏出第一步，就可以因為三要素的連動性，打開所謂的「動力開關」。

案例⑤　無法仰賴別人的E先生

症狀：因為過度自信或擔心遭拒而不願意仰賴他人，往往就會陷入孤立。

結果，因為找不到解決問題的對策而不知所措，使自己深陷困境而無法自拔，在孤獨裡垂死掙扎。

過度自信和不安同時存在的案例

其實我現在也還在努力克服，我也很不擅長仰賴別人。

第一章曾經提到，我原本就是個心靈脆弱的人。原因在於我有削弱恢復力的「想法」。

我和父母的關係一直不好，所以我很早便有強烈的獨立心，希望可以盡早開始一個人住。我認為這個想法有利於自己的成長。

可是，在另一方面，我也曾經有過強烈的二分化思考，認為人不是依賴就是獨立，這種極端想法的時期。當然，為了讓自己有所成長，獨立且積極努力是相當重要的事情。然而，不管碰到什麼困難，絕對不求助別人，絕對不在人前示弱，這種只尊重獨立的想法，絕對不會為自己加分。

過去，我曾莫名地過度自信，認為「絕對不可以仰賴他人。對我來說，依賴別人就代表輸了」。事實上，這些從完美主義衍生出的想法，讓我生活得非常痛苦，也削弱了自己的恢復力。

或許是因為獨立意識比別人高出一倍，所以我天生就比較執拗，在老師眼裡，我屬於典型的「難搞學生」。也許是因為競爭心理格外強烈的緣故，班上的同學總是用忽視我的方式，來制裁我。

那樣的經驗讓我受到心理創傷，使我對人產生排斥，總是抱持著強烈的恐懼心理。害怕被拒絕，結果，到現在還是很不擅長邀約別人，或是向別人提出請求。

從我自己的經驗來說，在深陷「困境」的時候，卻還堅持「單靠一己之力」的想法，是非常危險的。

同時，如果產生「只有自己這麼辛苦」的想法，孤獨感就會更加強烈，這也會成為削弱恢復力的原因，使振作的時間更加延遲。

從馬斯洛的需求五層次理論看「信賴」與「被信賴」的重要性

大家知道美國心理學家亞伯拉罕．馬斯洛（Abraham Harold Maslow）所提倡的需求五層次理論（Maslow's hierarchy of needs）嗎？

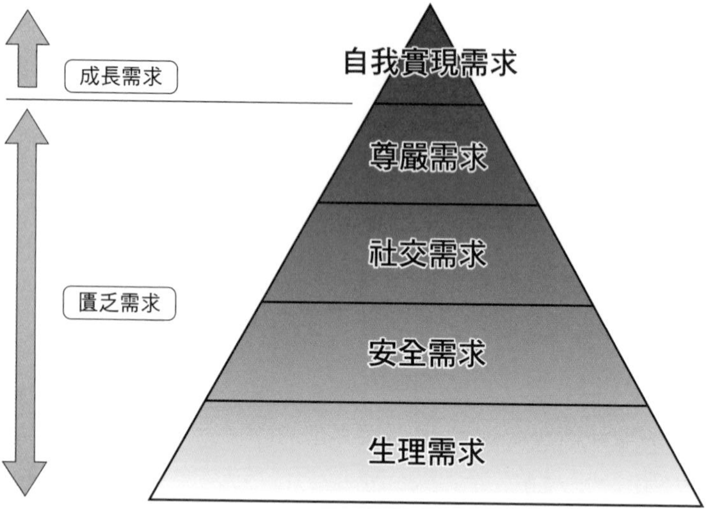

馬斯洛的需求五層次理論

馬斯洛的需求五層次理論提出，人類的需求就像上圖那樣，是由五個層次的金字塔所構成，其需求有優先順序，當低層次的需求獲得滿足，就會進一步追求更高層次的需求。

第一階段是「**生理需求**」。

這是對於維持生命所不可欠缺的飲食、睡眠、排泄等人類本能的最基本需求。當這個需求獲得滿足，就會進一步對下個層次產生需求。

第二階段是「**安全需求**」。

為了維持生命，除了食物之外，還需要有避暑禦寒用的衣物，以及住所。

此外，開始希望確保自己的安全，使

自己免於外來者對肉體及精神方面的迫害。這是尋求安全且安心生活的需求。

截至目前，所有的需求都是以衣食住這些最基本的物質為主。這些需求不僅限於人類，對任何生物來說，都是最基本的需求。

第三階段是「**社交需求**」。

人類是社會性動物，藉著彼此的互助合作，使社會趨於繁榮。

當物質上的需求得到滿足之後，人就會開始產生與人友好，有歸屬於以家庭為首的組織或團體的需求。

擺脫孤獨，便是使精神趨於安定的第一步。

精神獲得安定之後，便會通往下個階段的需求。

第四階段是「**尊嚴需求**」。

希望有存在的價值，能在夥伴或組織之間得到認同，並受到尊重的需求。

當這個需求獲得滿足，精神方面就會更加安定。

當某人向自己尋求幫助時，應該沒有人會感到不開心。

因為當某人對自己有所依賴，等於認同自己的存在價值或能力，這個時候，第四層次的需求就會得到滿足。

我因為明白這一點，對依賴他人產生的抗拒減少，和以前相比，現在的我比較願意積極尋求幫助。

當然，尋求幫助的契機，並不僅限於遇到困難的時刻。即便是情況順利的時刻，如果可以獲得朋友或支持者的協助，事情的進展就會更加順利和快速。

甚至，如果可以發展成「信賴對方，也被對方信賴」的互助關係，辛苦和痛苦就會減半，喜悅、可能性和勇氣也會倍增。

然後，信賴對方或被對方信賴的相互關係，就可以化解掉前面所提到的「①單靠一己之力」、「②只有自己這麼辛苦」的想法。

截至目前的四個層次，又稱為「匱乏性需求」（deficiency needs），當這些需求沒有獲得滿足時，人就會感到不安或緊張。

相反地，只要這四個層次的需求得到滿足，就會產生安心感，並刺激自己追求更高階段的需求。因為高漲的恢復力會在我們身後，推我們一把。

第五階段是「**自我實現需求**」。

把自己擁有的能力發揮到最大極限，試圖挑戰更多可能性的需求。隨時可以仰賴的安心感，可以消除我們的恐懼、不安和危機感。只要處於可以安心挑戰的狀況，第五層次的需求就會變得更加強烈。

第五層次的需求是直接和自我軸（人生目的、作為里程碑的目標、心理需求）相關的部分。第五層次的需求獲得滿足的狀態，可說是「心理需求」獲得滿足的最佳狀態。

為了使被稱為「匱乏性需求」的第一到第四層次的需求充分得到滿足，同時早日把意識集中在被稱為「成長需求」（growth needs）的「自我實現需求」，讓自己攀爬到金字塔頂端的最高階段，適當地依賴別人是非常重要的。

自我控制的相關處方應用範圍很廣

本書列舉自我控制相關的五種代表性案例，並介紹其相關處方。重點為以下五點：

①正念的實踐

②擁有主宰者意識

③把負面情緒化成正面積極行動的能量來源

④找出意義，在結果的構成要素上花點巧思，藉此熬過「fruitful monotony」（有成果的單調活動）。

⑤有困難時，就尋求幫助。進一步建構相互信賴（相互扶持）的人際關係。

除了本章節所提及的事例，應該還有其他與自我控制相關的問題。至於處於人生第一危機的各位，你們的問題除了與自我控制有關，應該還有很多其他的吧？

其實本章所介紹的①～⑤的處方籤，效果並不僅限於各自的案例，在今後我們可能遭遇的各種難題，都可以有效對應，這些「做法」或「想法」可以應用的範圍相當廣泛。

例如，關於①的處方籤，只要在學習或運動的練習前養成習慣，就能對發揮專注力方面有所助益。另外，只要在考試或比賽前實施，應該就能在正式上場或大舞臺上，充分發揮真正的實力。

②～④請試著在事物有所停滯、必須換個全新心情的時候運用看看。

此外，這些與「意志力」（grit）也有深厚的關聯。②～④的實踐可以幫助我們重振已經萎靡的氣力，協助我們解決頑強、難搞的事情。

關於⑤，可以廣泛應用在夥伴或團隊等，所有與溝通相關的各種問題上。一個人做不如兩個人一起做，兩個人做不如整個團隊一起做，只要懂得互助，就能比獨自一個人解決問題來得更輕鬆，感動和喜悅也會倍增。

應該也可以「更快速」、「更確實」、「更完美」地達成目標才對。

後記

以寫出《湯姆歷險記》（*The Adventures of Tom Sawyer*）而聲名大噪的美國小說家馬克・吐溫（Mark Twain）說：「二十年後，讓你感到失望的，不是你做過的事，而是你沒有做過的。」

二十年後那樣的遙遠未來，肯定是你所無法想像的。

可是，二十年不過是一瞬間。

原本還在想著，這個歐吉桑到底在說些什麼蠢話，結果某天早晨醒來，突然就變成了四十八歲的中年老爹。

就像這麼快的速度。

如果覺得我在騙人的話，請問一下你的父母、老師等身邊的歐吉桑或歐巴桑。時間的流逝真的就是一眨眼的工夫啊。

隨著年齡的增加，時間的流逝會變得更加快速。回憶一下小學的時候，再看看現在，應該就可想像出兩者的明顯差異了吧。

別說是二十年，甚至就連三十年那樣長的歲月，對我來說，感覺就像只過了一夜似的，被拋在原地的另一個我，則一直在十六到二十歲之間遊走。時間流逝得太快，肉體和外貌隨著真實時間的流逝日漸衰老，心靈卻總是跟不上。

只要生命受到保障，也就是說，只要沒有死亡的危險，就應該積極地去冒險（應該去挑戰）。

例如，就算父母反對，也絕對不可以違背自己的真心。

最最浪費的是，還沒有做，就認為辦不到而放棄。

獲得諾貝爾文學獎的蕭伯納（Bernard Shaw）曾說：「真正的自由是可以做自己喜歡做的事，而不是什麼都不做。」

請回想一下季節的轉換。

假如用季節來比喻，大家現在的人生應該正值初夏或是盛夏。

被稱為盛夏的夏季高峰期，出乎意料地短暫。

等你注意到的時候，天空的藍色和雲的樣子都已經變了，夕陽照映下的影子也已經變長。

不知從什麼時候開始，早晚感受到寒冷的日子開始增多，中午也吹起涼爽的微風。人生也是一樣。

現在，大家或許以為年輕、氣力和體力將會永遠持續，但其實人就跟季節一樣，夏季終究會結束，秋天和冬天一定會來臨。這是沒有人能夠阻止的自然法則。讓無法重來的珍貴青春白白虛度，是一種罪過。

大人們常說：「若想獲得，必須犧牲。」

在我看來，這是錯誤的想法。

正因為現在是氣力、體力最充實的時刻，所以才要做些能夠滿足「心理需求」的「自己喜歡的事」，然後，只要是「想做的事情」，不管是什麼，都應該勇於挑戰。做不想做的事情，當然會有壓力。

可是，如果沒辦法做自己想做的事情，壓力會更大。

可以做所有自己想做的事情時，我們就會呈現最像自己的狀態。

「腳踏雙船兩頭空」、「魚與熊掌不可兼得」，這類的諺語都是在告誡人們不應該過分貪婪。這種謙虛態度，可說是日本人的美德典範，但是若因為追求美德而過分客氣，反而會讓二十年後的自己後悔莫及，最後一無所獲。

當然，什麼都想要，抓到什麼就是什麼，所有事情總是半途而廢，也是傷腦筋……。

我過去的人生都在為「棲身之所」而奮鬥。

過去的我，只要自由自在地做自己，就一定會被周遭的人所疏遠，完全找不到任何屬於自己的「棲身之所」，過得非常辛苦。那種情況從我懂事開始，一直持續到上班族的時代。

從公司離職，開始經營起英語補習班後，痛苦的感覺稍微緩解了，可是我的內心裡還是覺得很不自在。

我在三十一歲時離婚，失去一切。或許晚了點，但畢竟人生只有一次，為了不讓自己在死的時候後悔，我在那個契機下定決心，決定做自己想做的事。

之後，我開始了現在這份堪稱為天職的工作，才終於有了找到「棲身之所」的感覺。這個選擇完全是正確的。

可是，在這之前，我做了很多不同的挑戰，曾經失敗，也曾經丟臉。

毫無道理的誤解、幾乎無法承受的悲慘回憶和屈辱、難以抑制的憤怒、完全不可能跨越的試煉、幾乎令自己無法振作的挫折、是不是會被終生厭棄的哀愁……，光是回想就覺得痛苦、丟臉的事情，經歷了許多、許多。

在這段過程當中，至少我還有一段魔法咒語。

「現在還不是終點。」

很不可思議地，只要詠唱這段魔法咒語，我就會變得輕鬆。

當持續不斷的痛苦和討人厭的事物，幾乎快讓心靈破碎的時候，我會把它幻想成激勵人心的演出，為了讓自己在衝破名為成功的終點線時，可以更加感動。

今後，持續挑戰的各位，一定會碰到失敗或是挫折。

作家傑瑞．明欽頓（Jerry Minchinton）曾說：

「失敗或挫折帶給我們停下腳步、從中學習成長的機會。然後，可以讓我們變得更加強大。」

實際把失敗或挫折當成經驗，我們只能從跨越那些失敗或挫折的經驗當中，找出今後的解決之道。越早面對失敗或挫折，就越能夠早一步妥善處理人生無法避免的困難。

美式足球的知名教練盧・霍茲（Lou Holtz）曾說：

「人生有百分之十取決於你的遭遇，百分之九十取決於你對遭遇的因應。」

我們沒辦法選擇遭遇到哪些事情。可是，我們可以自己選擇如何解讀遭遇，如何解決那些遭遇。然後，那些解讀和行動將會決定你未來的人生。我們沒有被遭遇操弄的空間。

非常感謝大家閱讀到最後。

人生的醍醐味不在於與誰比較，而是在於當你的內心深處感到「活著真好，活著真的很好」的瞬間，希望你能有所體悟，這樣就夠了。

希望這本書可以幫助大家開創出屬於自己的未來，那將會是我無窮盡的喜悅。

國家圖書館出版品預行編目 (CIP) 資料

情緒恢復 / 內田和俊著 ; 羅淑慧譯 .
-- 初版 . -- 臺北市 : 遠流 , 2019.04
面 ; 公分

譯自 : レジリエンス入門 :
折れない心のつくり方

ISBN 978-957-32-8489-5 (平裝)

1. 情緒管理 2. 生活指導

176.52 108003261

大衆心理館 A3354

情緒恢復：告別玻璃心的韌性練習

作　　者／內田和俊（Uchida Kazutoshi）
譯　　者／羅淑慧
副總編輯／陳莉苓
審　　閱／張玲玲
文字編輯／丁宥榆
封面設計／江儀玲
排　　版／平衡點設計
行　　銷／陳苑如

發行人／王榮文
出版發行／遠流出版事業股份有限公司
100 臺北市南昌路二段 81 號 6 樓
郵撥／ 0189456-1
電話／ 2392-6899　傳真／ 2392-6658
著作權顧問／蕭雄淋律師

2019 年 4 月 1 日 初版一刷
售價新台幣 280 元（缺頁或破損的書，請寄回更換）

ylib 遠流博識網
http://www.ylib.com
e-mail:ylib@ylib.com

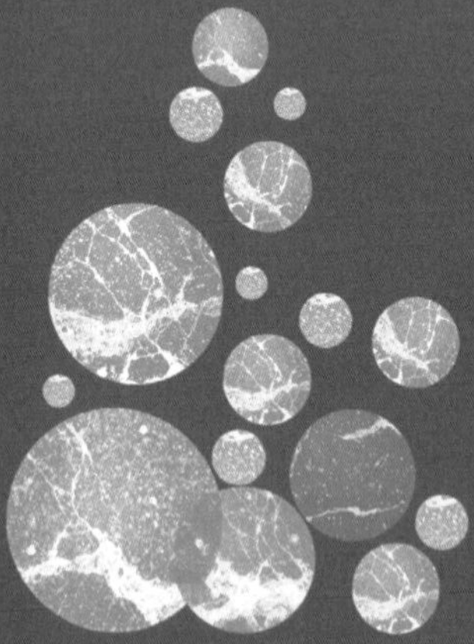

情緒恢復

告別玻璃心的韌性練習

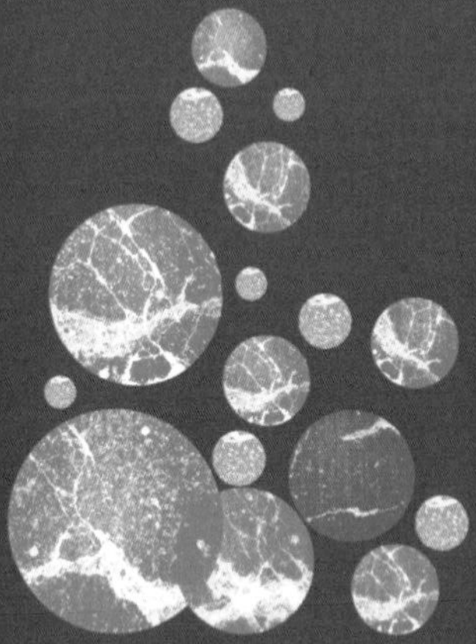

情緒恢復

告別玻璃心的韌性練習